# Vida y costumbres de

# LOS INCAS

# Vida y costumbres de

# LOS INCAS

Cristina de Lama Sánchez

ISBN: 978-84-9764-833-2
Depósito legal: M-9700-2007

Colección: Vida y costumbres en la Antigüedad
Título: Vida y costumbres de los incas
Autor: Cristina de Lama Sánchez
Coordinación de la colección: Felipe Sen / Álvaro Cruz
Diseño de cubierta: El Ojo del Huracán
Impreso en: COFÁS, S. A.

IMPRESO EN ESPAÑA – *PRINTED IN SPAIN*

# ÍNDICE

*A Miguel y Sole, por TODO (sois mi aliento),*
*a Nuria, por mostrarme la luz con tu alegría,*
*a Javier, por ayudarme a caminar en la oscuridad,*
*a Alicia, por descubrirme América,*
*a todos vosotros.*

# INTRODUCCIÓN

Tras aproximadamente cuatro mil años de desarrollo cultural en la zona andina, donde bandas, tribus, señoríos y Estados comparten y se suceden en el tiempo por todo el territorio de unos seiscientos doce mil kilómetros cuadrados, surgirá un grupo humano que será el último que integre ese territorio y al conjunto de sus pueblos antes de la llegada de los españoles.

Este territorio configura una unidad geográfico-cultural que hoy se define como Área Andina, y que respondía a una relación con el medio ambiente por parte de los diversos pueblos que en ella residían, mediante la constante mar-cordillera-bosque tropical (Lumbreras, 1981), definiendo tres regiones geográficas diferenciadas y que los incas, conociendo sus particularidades, pudieron sobre éstas cimentar su Imperio: la costa, la sierra y la selva.

Las diversidades en el vasto territorio no sólo son físicas, sino también lingüísticas. Cuatro lenguas principales y múltiples formas dialectales se hablaban. El yunga en la costa norte, el puquina entre Chincha y Atacama, el aymara y el quechua, las principales, fueron fundamentales para el proceso de unificación política y sirvieron como elementos centralizadores.

Al empezar a estudiar la Cultura Inca nos encontramos con el problema del análisis de los datos históricos. Sí tenemos abundante información arqueológica, etnográfica e histórica, pero no es intencionada ya que esta cultura es ágrafa. Afortunadamente la tradición oral funcionaba magníficamente en la tradición popular, aunque dirigida para dar respuesta a las necesidades imperiales y por lo que daba una versión oficial de la historia, lo que nos ayudó a acercarnos a esta cultura.

Las principales fuentes de información no sólo las obtenemos de las crónicas de la propia conquista, sino también de los informes administrativos, eclesiásticos y de la historia interpretada por los diversos pueblos regionales sojuzgados por el Imperio.

Sobre los orígenes tenemos dos versiones recogidas de la tradición oral, el relato que divulgó Garcilaso de la Vega de los esposos-hermanos Manco Capac y Mama Ocllo, y el de los hermanos Ayar. Según este último, cuatro parejas de esposos-hermanos salieron de Pacaritambo en busca de una tierra donde asentarse; sólo uno de los hermanos Ayar, Manco, acompañado de las cuatro mujeres, llegó al Cuzco mientras que el resto se quedaron en el camino convertidos en piedra.

Mediante la interpretación del mito y el estudio de los restos arqueológicos, se traduce que el grupo étnico inca llegó al Cuzco desde las tierras altas del sur, instalándose allí hacia el año 1200 d.C. El valle del Cuzco a su llegada ya estaba dividido en una serie de curacazgos (Sañu, Alcaviza, Ayarmaca) que mantenían una rivalidad constante por las tierras fértiles de los valles centrales.

En esos momentos en el valle se vivieron guerras, alianzas y pactos matrimoniales entre los distintos grupos, pero los incas se impusieron al resto dominando las zonas más fértiles y controlando las aguas.

Manco Capac aparece como el primer Inca, un jefe guerrero, al igual que sus sucesores hasta el inicio del Imperio del Tahuantinsuyu. Estos jefes vivieron en el Cuzco que estaba dividido, como era tradicional en todas las comunidades, en dos mitades, Hanan Cuzco y Hurin Cuzco. Cada mitad estaba poblada por distintos linajes y por los habitantes originarios de la zona. En este Estado en formación, las hazañas conseguidas por los gobernantes están mezcladas con enormes dosis de sucesos mágicos o sobrenaturales.

Tras mantener el orden en el valle del Cuzco, los Incas empezarán a dirigir los enfrentamientos armados hacia distintas zonas de expansión: el suroeste, tierra de Collaguas, Chunvivilcas, Canas y Canchis; el lago Titicaca contra Collas y Lupacas y hacia el oeste contra los Chancas.

En la formación del Imperio, fue importante el gobierno de Pachacuti (1438-1471) ya que es un período de reordenamiento que cambió las relaciones y la estructura política del Cuzco con sus vecinos. Reconstruye la capital y reordena físicamente la ciudad convirtiéndola en el centro de poder. De ésta irradian unos caminos que conectan con las cuatro partes o *suyus* que forman el Tahuantinsuyu, también una serie de líneas imaginarias o *ceques* que unen santuarios, adoratorios, huacas, formando así un escenario ritual convergente en el Cuzco. Organizó igualmente una importante red hidráulica para ampliar las tierras de cultivo y creó nuevos centros administrativos. Organizó también a los habitantes del Cuzco, distribuyéndolos por linajes en distintos barrios de la ciudad. Introdujo una nueva fórmula de culto al sol que pasa a ser el principal objeto de religiosidad estatal. Otra reforma importante es la adopción del quechua como lengua general, lo que dará solidez y eficacia a la normativa estatal en todos los territorios del Imperio. Instauró el matrimonio adelfogámico para el soberano, convirtiendo la unión entre hermanos en otro rasgo diferenciador, situándolo en un plano superior a los demás.

Con Pachacuti se asentaron las bases de la organización territorial y la expansión. Tupac Yupanqui (1471-1493), hijo y sucesor de Pachacuti, aseguró la soberanía del Cuzco en el norte y en el Colla, derrotó al rey chimú de Chan Chan y extendió su dominio sobre los valles de la costa sur (Nazca y el Señorío de Chincha), controló los alrededores de la actual Lima donde se encuentra el santuario de Pachacamac y lo convirtió en lugar de adoración del propio monarca; hacia el sur llegó hasta el río Maipó (en Chile). Se interesó también por las regiones selváticas orientales, pero la vegetación y el clima impidieron la conquista total del territorio.

Tras la muerte de Tupac Yupanqui, le sucede Hayna Capac (1493-1525), reinado caracterizado por la continua necesidad de controlar las intrigas del Cuzco y los conflictos regionales del Imperio. Centró su actividad en el norte del Imperio desde donde organizó campañas contra grupos continuamente hostiles, Chachapoyas y los Cañaris. Estableció el límite norte del Imperio en el río Mayo, Colombia. Los nobles se le amotinaron y sólo pudo sofocarlos con generosas recompensas, lo que puso de manifiesto el cambio en la estructura social y en el ejercicio del poder.

Huascar, el nuevo Inca (1525-1532), subió al trono con una gran oposición y gobernó con continuas intrigas palaciegas. En Quito, Atahualpa, su hermano, estaba apoyado por la nobleza local y los nobles cuzqueños, lo que supuso una amenaza para el nuevo Inca. El enfrentamiento entre ambos estalló tras la llegada al territorio andino de las tropas de Pizarro.

Huascar hizo prisionero a su hermano, quien consiguió escapar transformándose en serpiente con la ayuda de su padre, el Sol. Este hecho dio legitimidad, una vez más, a su autoproclamación como Inca. Algunos generales quiteños dieron captura a Huascar cerca de Cuzco y Atahualpa mandó ejecutarlo, masacrando también a todas las *panaqa s* que le habían sido fieles.

Mientras sucedían estos acontecimientos, los hombres de Pizarro desembarcan en Tumbez y a su llegada a Cajamarca se acuerda una entrevista entre Atahualpa y Pizarro. La captura del Inca paraliza a su ejército y así, el 16 de noviembre de 1536 comienza la conquista del Tahuan-

*Representación de un inca.*

tinsuyu. No hubo intentos de liberar a Atahualpa y fue ejecutado.

Empezó entonces una transformación total en el Imperio. Pizarro nombró a los siguientes gobernantes entre los otros hijos de Hayna Capac. Tras un siglo, Tupac Amaru, miembro de la antigua realeza incaica se rebeló contra el poder español, pero fue vencido por el virrey Toledo, quien le ejecutó en 1781.

En cuanto a la organización del Estado, la mayor parte de las tradiciones e instituciones que rigieron el Tahuantinsuyu eran antiguas y comunes entre los distintos pueblos andinos. La mejor obra incaica fue la habilidad de adaptarlas a sus necesidades y darles un carácter oficial.

Entre estas tradiciones, el *ayllu* es fundamental como base de la organización socioeconómica. Los vínculos de parentesco a través de un antepasado común y un régimen de explotación comunitaria de la tierra componían la estructura del *ayllu*, que permitía una organización y unas relaciones internas de cooperación y esfuerzo productivo que los hacía autosuficientes. El reconocimiento territorial hacía posible el acceso a los diferentes nichos ecológicos que seguían la característica andina de la verticalidad.

Se regían por un sistema de reciprocidad y a la cabeza estaba un señor o *curaca*, quien organizaba la comunidad y repartía las tierras entre las familias. Mantenía el control sobre los excedentes productivos que repartía entre miembros de su comunidad y entre señores de otros *ayllus*.

En los *ayllus* también se mantenía el principio de dualidad, dividiendo la comunidad en dos mitades, la *Hanan* y la *Hurin*, que se hacía efectiva con la existencia de dos señores. A su vez estas dos mitades se dividían en otras dos, formándose una cuatripartición.

La organización del grupo étnico inca siguió el mismo esquema hasta que su deseo de expansión trajo la necesidad de relacionarse con otros grupos y así abarcar el control de nuevas zonas de recursos económicos. Primero se establecieron relaciones de parentesco y pactos de redistribución hasta que se hizo necesario el control efectivo que trajo la conquista militar. Los distintos pueblos vieron la necesidad de entrar en el juego para no quedar fuera de los canales de redistribución y alianzas. El sometimiento voluntario al poder del Cuzco era ventajoso, ya que las comunidades seguían siendo autosuficientes y mantenían sus tradiciones particulares, aunque el tiempo dedicado al trabajo para el Estado fue una carga dura y constante.

La organización dual de las comunidades fue el germen de la organización política y del propio ejercicio del poder. La elección del Inca seguía la costumbre del derecho del más hábil, no del primogénito.

En el juego político de la elección del Inca, el papel de las *panaqa s, ayllus* reales, era fundamental, ya que se trataba de unidades parentales matrilineales exógamas que determinaban la posibilidad de un candidato por la pertenencia de su madre a una u otra *panaqa* (Rostworowski, 1986).

La residencia primitiva de los incas en Cuzco se estableció en el templo de Inticancha, situado en la parte Hurin de la ciudad. Por este motivo hay autores que piensan que las funciones propias del Inca Hurin fueran religiosas y las del de Hanan, militares y políticas (como los últimos Incas). Según la fórmula de la cuatripartición se llega a afirmar la existencia de dos jefes para cada *suyu*, es decir, cuatro personas en la cúpula del poder, el propio Huamán Poma de Ayala habla de «los cuatro gobernadores del Consejo Real».

Muy importante fue la figura de la Coya para legitimar al Inca electo, pero no era decisiva en su elección, ya que seguían el principio antes mencionado de la «mayor valía». La elección debía estar refrendada por designación divina del sol. Una vez impuesta la *mascaipacha* se convertía en «Hijo del Sol» y tomaba en matrimonio a su hermana, reafirmando el carácter sagrado y legítimo de su poder. Desde este momento, el Inca creaba su propio linaje familiar (*panaqa*) desligándose del de su padre y convirtiéndose en hijo directo del Sol.

La sociedad estaba fuertemente jerarquizada y partía del principio fundamental de la distinción entre dos grupos: el de los conquistadores y el de los conquistados. Este modelo se implantó primero en el Cuzco, donde surgieron tres categorías de individuos, los de pura sangre inca o collana; los habitantes originales del valle y los grupos étnicos que acompañaron a los incas en su asentamiento o *cayao*; y un tercero que surgía de la unión de los dos anteriores o *payán*. Esta división se aplicó a todo el Imperio, en el que *payán* eran el *curaca* y su familia, *cayao* el resto y la población y collana los funcionarios incaicos del Estado. Esta tripartición social estaba estructurada piramidalmente y en ella el movimiento entre los distintos niveles era escaso. La cumbre de la pirámide la formaban el Sapay Inca y la Coya, en niveles inferiores los grupos de nobleza incaica y regional y en la base, el grueso de la población, los *hatun runa*.

La nobleza cuzqueña se agrupaba en diez *panaqa s* y los diez *ayllus* privilegiados originarios del valle. Cada grupo tenía asignados un espacio y unas responsabilidades en función de la proximidad al linaje del Inca. Se agrupaban a su vez en dos mitades, la *Hanan* y la *Hurin*. No realizaban ningún tipo de trabajo manual ni agrícola y los varones recibían una esmerada educación. La masa campesina era el soporte económico del Tahuantinsuyu. Vivían en comunidades organizadas en torno al *ayllu* y eran censados por la administración cuzqueña. También se distribuían en las mitades *Hanan* y *Hurin*, pero a su vez también en grupos de edad y sexo, cada uno de ellos con unas obligaciones y derechos concretos. El Estado utilizó a esta masa campesina para aprovechar y colonizar los territorios conquistados. Los grupos de colonos, *mitimaes*, cumplían la doble misión de poner en producción nuevas tierras conquistadas y de implantar la nueva cultura incaica a los pueblos conquistados.

Los *yanaconas* eran personas o familias completas que rompen la relación con su lugar de origen para ponerse al servicio personal de los miembros de la nobleza. Su estatus era superior al resto de la población ya que accedían a ciertos privilegios como contraer matrimonio con las *acllas*. Estas mujeres eran seleccionadas por todo el territorio para formar parte de las escogidas *acllas*, residentes en los *acllahuasi*.

La administración de todo el Imperio tenía que controlar la mano de obra y la explotación de recursos de todo el Tahuantinsuyu. Las provincias o *huamanis* estaban administradas por el Ttocrícuc que era pariente del Inca y máximo grado en la jerarquía administrativa. Las *huamanis* no eran provincias territoriales sino agrupaciones de individuos de varios grupos étnicos que formaban un grupo de cuarenta mil cabezas de familia. Se organizaban de manera decimal en cuatro grupos de mil, divididos a su vez en dos de cinco mil... hasta formar grupos de cinco individuos al mando de un funcionario que dependía del de nivel superior. La *pachaca* era el grupo decimal básico, formado por cien individuos.

La red de funcionarios del Estado ejercía labores administrativas, políticas, judiciales y militares. Los más destacados son los *quipucamayoc*, especialistas en el manejo del *quipu*: conjunto de cuerdas de diferentes colores sujetas a una mayor que hacía de matriz; su funcionamiento era nemotécnico, cada color equivalía a un producto y cada tipo de nudo a una cantidad. Así contabilizaban los censos del Estado.

La reglamentación del trabajo se basó en los turnos obligatorios de la *mita* para las labores de agricultura, pastoreo... El máximo rendimiento se buscó mediante la organización racional de los cultivos según el clima y las condiciones ecológicas de las distintas regiones, mejorándolas mediante cultivos intensivos, la utilización de fertilizantes, cultivo en andenería, o reproduciendo distintos niveles ecológicos en una misma zona donde podían cultivar alimentos básicos como la papa o el maíz.

También controlada por el Estado estuvo la ganadería de auquénidos que se convirtió en una labor especializada en regiones de pastos. La labor de la *mita* se aplicó también a la fabricación de piezas artesanales cuya redistribución la hacía el propio Inca.

El intercambio comercial no existió institucionalmente, salvo en algunos pueblos de la costa que efectuaban transacciones mediante trueque.

No existía una economía de mercado como tal, pero sí hubo una continua distribución de mercancías por todo el territorio, por lo que fue necesaria la construcción de caminos por todo el Tahuantinsuyu, demostrando así una gran capacidad técnica. Del Cuzco salían cuatro caminos hacia las cuatro partes del Imperio, todos los caminos se enlazaban comunicando los centros administrativos principales. Se le unía un sistema de tambos o construcciones estatales con grandes complejos de almacenes y talleres donde se concentraba el abastecimiento de las provincias. También crearon un sistema de postas y relevos de mensajeros o *chasquis*, que permitía que todos los centros estuvieran informados y comunicados entre sí.

Los incas centraron su labor en una elaborada política de control territorial. Para ello junto con la red de caminos, centralizaron y dieron importancia a los núcleos de control que formaban anillos de mantenimiento logístico a la vez que puntos estratégicos comunicados por estos caminos.

En las cabeceras de las *huamanis* se establecía la administración con edificaciones destinadas a la misma, un templo al Sol y un *acllahuasi*. La edificación de estos centros seguía patrones edificatorios oficiales emitidos desde el Cuzco. Destacan la Cancha, recinto generalmente rectangular que albergaba múltiples funciones; las *callancas*, grandes edificios con tejado a dos aguas y pilares de madera con una función habitacional o industrial; los *incahuasi*, casa del Inca; los *ushnu*, construcciones escalonadas dedicadas a un personaje de alta jerarquía o quizá un altar; los *intihuatana*,

*Machu Picchu: casas de campesisnos (Perú).*

seguramente lugares de prácticas astronómicas y rituales; las *collcas*, recintos circulares empleados como almacén.

Para uso habitacional se solía emplear una retícula ortogonal. Las viviendas tenían un ambiente de planta rectangular, sin ventanas y con puertas estrechas y bajas. Las paredes en piedra solían estar circundadas por hornacinas, el piso era de tierra y las cubiertas de paja. En la costa disminuye el empleo de la piedra y se utiliza el adobe. En la zona del Collao existen construcciones circulares y de carácter funerario, son las chullpas.

El Cuzco, situado a 3.500 metros de altura y rodeado por una cadena montañosa y cruzado por los cauces de varios ríos fue la capital de Imperio incaico. Fue centro ejecutivo de la estrategia política, militar, económica, religiosa e ideológica, todo ello formando una organización espacial y un trazado urbano impresionante. La ciudad fue reconstruida poco antes de la llegada de los españoles basándose en una maqueta previa construía con arcilla y piedra. Los edificios de la zona noble eran de piedra mientras que el resto se realizaban en material perecedero. Los edificios variaban en tamaño, forma y tallado de la mampostería en función del significado de la estructura. Las fortalezas se construían con grandes piedras y los templos y palacios con piedras más pequeñas y pulidas, generalmente rectangulares. En muchos casos no emplearon argamasa, pero las uniones son perfectas.

El centro de la ciudad se encuentra en las plazas de Huacaypata y Cusipata. El plano es un triángulo cuya base es la fortaleza de Sacsahuaman, los lados los ríos Huatanay y Tullumayu y el vértice de unión de ambos, el Pumachupan o cola de puma. Para los incas, su ciudad tenía forma de puma, animal de gran importancia en la cosmovisión andina. El camino del Antisuyu dividía las dos mitades del Cuzco, la *Hanan* y la *Hurin*.

La religión estaba fundamentada en creencias animistas, en las que la presencia de las fuerzas de la naturaleza regía las actividades cotidianas. Sobre ésta se imponía un culto oficial impuesto como medio de control ideológico, por tanto existían dos tipos de culto.

La religión oficial se fundamenta en el culto al sol, deidad tradicional del culto andino pero los incas lo convierten en dios de su propia *huaca*. Construyeron numerosos templos dedicados a su culto por todo el Imperio, aunque el principal es el Coricancha del Cuzco o «recinto de oro» donde se magnificó su culto. No olvidaron los cultos a las demás divinidades y cada una tenía su capilla. El ritual era fundamentalmente agrario y eran necesarios conocimientos astronómicos para establecer los ciclos agrícolas, ya que las celebraciones del calendario de 365 días, 12 meses y 30 o 31 días, con un ciclo lunar de semanas de 8 días, estaban dividido en dos tipos de festividades: las de la estación seca y la de lluvias, distribución de aguas y cuidados de las *huacas*.

El culto a los antepasados hizo posible la existencia de un mundo sobrenatural que daba continuidad al mundo de los vivos. Este culto se practicaba a todos los niveles, desde el familiar hasta el propio Inca. También rendían culto al lugar de origen mítico, la *pacarina*.

Los dioses del panteón andino tenían un carácter dual, con aspectos opuestos y complementarios a su vez. Los principales eran Inti, Viracocha e Illapa.

Los funcionarios religiosos también estaban jerarquizados en tres categorías: Amautas, Yanavilcas y Vilcas, y debajo de ellos, una gran cantidad de sacerdotes de menor rango. La adivinación fue una práctica fundamental andina, ya que es prioritario conocer el futuro y asegurarse el bien con el apoyo de los dioses.

Los sacrificios humanos o *capacochas*, se hacían en raras ocasiones y en *huacas* de todo el Imperio. Para ello elegían a los hijos de los *curacas*, quienes a cambio recibían privilegios y consideración.

El sentido mágico-religioso de los andinos y su relación estrecha con la naturaleza es plasmada también en las distintas manifestaciones artísticas.

# CAPÍTULO PRIMERO

## TRADICIÓN CULTURAL ANDINA

Naturalmente el complejo mundo cultural incaico no apareció en los Andes espontáneamente, sino que fue producto de la asimilación de distintas raíces culturales que se fueron dando a lo largo y ancho de toda la zona andina.

Los primeros centros ceremoniales se dieron al producirse el sedentarismo y la agricultura, es decir en el momento que las bandas de cazadores recolectores encontraron maneras de manejar los distintos ambientes andinos y obtener de ellos los recursos necesarios para la subsistencia. Encontramos dos macro regiones en las que se asentaron:

— La costa, por su riqueza de fauna y flora marinas. Hay que sumarle la riqueza de las lomas, con mucha vegetación gracias a la humedad del medio ambiente y las ventajas que suponen las desembocaduras de los ríos.

— Las alturas, gracias a la domesticación de camélidos y el consiguiente establecimiento de circuitos de recorrido estable.

En la costa encontramos testimonio de adoratorios que debieron reunir a gran cantidad de público. Son complejos arquitectónicos, como el de La Paloma (Lima, Perú), El Paraíso (Lima) o Las Hadas (Ancash) nos informan tras estudiar su estructura, del tipo de población que a ellos iban. En algunos casos era una población que acudía periódicamente, en otros se han encontrado aldeas concentradas en torno a un edificio. Es obvio que las edificaciones son de carácter cultural y las residencias permanentes en estos complejos fueron de personal adscrito al templo para su cuidado.

En la sierra aparecen santuarios más tarde que en la costa. Alrededor de 2500 a.C. aparecen unas construcciones que evolucionan de un simple edificio rectangular a un templo en forma de «U», en el que los brazos rodean normalmente una plaza circular hundida.

El desarrollo de estos santuarios es de suma importancia, ya que supone el reconocimiento de un espacio sagrado a través del cual se interactúa con lo sobrenatural. Al reconocer un espacio relacionado con los dioses, se necesita un administrador de ese espacio que lo cuide. Debe ser un especialista que requiere de tiempo para velar por la población y que por tanto, no tiene tiempo para dedicarse a actividades productivas. Vemos entonces como el antiguo *shamán* que dedicaba un tiempo parcial a la relación entre la comunidad y lo sobrenatural, es sustituido por este administrador. Como podemos imaginar, el poder se va concentrando en manos de este administrador o especialista religioso. Recordemos que ahora la comunidad depende de la agricultura y estará interesada por conocer los ciclos de la naturaleza, las estaciones, las sequías, las crecidas de los ríos... lo que plantea un estudio y una predicción de las condiciones atmosféricas, de lo que naturalmente se hará cargo este especialista religioso. También de la protección sobrenatural que necesitaban las cosechas y la propia comunidad.

En algunos centros ceremoniales de la sierra podemos ver características que los hacen particulares incluso en los desarrollados posteriormente en su propia región. En ellos encontramos fogones culturales cubiertos por chimeneas o ventiladores pregarios para avivar el fuego. En ellos se han encontrado ofrendas que pudieron haber sido incineradas (huesos de mamíferos, piezas de cuarzo...).

La *tradición religiosa de Kotosh* es la que recoge esta serie de elementos expuestos anteriormente, caracterizados por la ausencia de espacios abiertos y el despliegue iconográfico. Como muestra de arte decorativo en uno de los templos de Kotosh se ha encontrado las *Manos Cruzadas*, escultura de barro de gran importancia en el arte precolombino.

La cerámica más antigua que encontramos es la de Valdivia (Guayas, Ecuador), donde observamos una tradición alfarera fechada alrededor de los años 3000 a.C.; como vemos anterior a la mayoría de los santuarios. En torno al año 1700 a.C. sólo en Kotosh (Huánuco, Perú) se elaboraban piezas de barro como tazones o vasos con incisiones de colores. En 1800 a.C. en la costa, Las Hadas (Ancash, Perú), también encontramos ollas y botellas. Podemos destacar la presencia de las llamadas *figurinas* (muñecas antropomorfas huecas realizadas en barro) en los sitios mencionados. Hacia el año 1500 a.C. la cerámica ya se había extendido por todo el territorio peruano.

También tenemos que nombrar dos elementos de suma importancia en el pensamiento andino, que hacia el año 1100 a.C. se expanden por el territorio; son el *Strombus* y el *Spondylus*. Son conchas que se difunden muy rápidamente, que a la llegada de los españoles eran conocidas desde hacía mucho tiempo en la zona del Titicaca. Esto es de suma importancia ya que la recolección de ambas no se puede realizar al sur del golfo de Guayaquil (Ecuador) y requiere de buceadores experimentados, sobre todo el *Spondylus* ya que se aferra a los arrecifes a más de cinco metros bajo la superficie del mar.

Ambas conchas fueron empleadas indistintamente para decoración o de manera utilitaria. Al trasladarse a los Andes fueron concebidas como pareja y aunque no por ello, fueron destinadas y reservadas al uso y disfrute de las elites. El *Spondylus* era muy trabajado y se le consideraba materia prima para joyas y objetos de culto. No se puede consumir en los períodos de sequía ya que es tóxico para el hombre. En estas temporadas se le sacrificaba a los dioses. Al *Strombus* sin embargo, tan sólo se le realizaban algunas incisiones, convenientemente perforado en el ápex se le daba uso de trompeta llamada *pututu* que actualmente se sigue utilizando. Su llamada congregaba a la comunidad y es uno de los instrumentos musicales más representativos de la región andina.

Las conchas en general eran conocidas con el término de *mullu* y se las consideraba alimento de los dioses.

## Chavín

La actividad de los centros ceremoniales como epicentro de las aldeas, facilitaba el acceso a productos de lugares alejados, de manera que plantas y animales pasaban a nichos ecológicos distintos de donde se producían, al igual que ocurría con técnicas culturales como la utilización y perfeccionamientos del telar.

El peregrinaje a estos santuarios debió crear rivalidad entre ellos con el consiguiente prestigio para el centro que más gente atrajese. Viajar a ellos suponía un acto festivo, donde se realizaba trueque, se adquieren compromisos de colaboración..., no supone sólo la contemplación del santuario, aunque debía ser un espectáculo digno de admiración visualizar los fuegos y toda la parafernalia que los sacerdotes prepararían con esmero para atraer al mayor número de fieles posibles.

Es importante la ubicación del centro ceremonial para que el estilo de vida religiosa de un santuario trascienda transregionalmente, como parece ser el caso de Chavín, en Chavín de Huantar (Ancash). Chavín también enlaza con tradiciones previas.

Las primeras construcciones datas hacia el año 1200 a.C. y sus sacerdotes debieron sintetizar desarrollos culturales de distintas procedencias como la de Kotosh de la que hemos hablado anteriormente. Según Lumbreras, es posible que el intercambio norteño utilizase alguna ruta por la que fluían *Strombus* y *Spondylus*, sugiriendo que el clero de Chavín pudo predecir la contracorriente del Niño por la consecución o no de los mismos, de esta forma habrían conseguido una gran fama y prestigio. Por todo ello, no es extraño que la iconografía de Chavín muestre motivos de distintas procedencias, lo que actuó en su favor para que distintos pueblos de los Andes la aceptasen. En el sitio actual encontramos dos templos construidos en dirección este, conocidos arqueológicamente como Temprano y Tardío (los pobladores actuales al último lo denominan *El Castillo*). En ambos es reconocible la forma de «U» con el patio situado entre los dos brazos. También encontramos cerámica asociada a la construcción de los templos. Ésta se caracteriza por su estilo «pétreo», asa y gollete en forma de estribo, con arco grueso semicircular y pico también grueso con reborde dotado de decoración incisa que reproduce motivos en piedra. Igualmente sucede esto en el trabajo de la concha o hueso.

La iconografía de Chavín sobresale en el trabajo en piedra. Son tres esculturas las más representativas. *El Lanzón* es una columna que se encontró en una de las galerías del Templo Temprano; su forma irregular posee una altura de casi cinco metros y representa una figura de proporciones humanas, se encuentra de pie y con la mano derecha en alto. La segunda imagen, más tardía, se encuentra representada en varias instancias y está plasmada de manera más visible en una placa de piedra rectangular que ha llegado a nuestros días con el nombre de *Obelisco Tello*. Éste posee grabados de animales idealizados enlazados en un mismo espacio, aunque la imagen básica de esta composición ha sido interpretada como un caimán. La última etapa del desarrollo Chavín la encontramos representada en la tercera escultura, conocida con el nombre de *Estela Raimondi*, plancha de granito de 198 por 74 centímetros, magníficamente grabada con una figura humana de pie que sostiene un bastón en cada mano. Esta imagen tan sólo ocupa la mitad del espacio, en el resto aparecen adornos de cabezas reproducidas verticalmente que van disminuyendo de tamaño (nos recuerda a la imagen de la Puerta del Sol de Tiwanacu).

Se ha considerado a Sechín (Ancash) en la costa Norte como una fase previa de Chavín. Ha sido fundamental para ello el estudio del trabajo en piedra, debido al tratamiento de la cara y extremidades de la figura encontrada en este complejo.

La iconografía de Chavín señala influencias de distintas tradiciones. La presencia del jaguar, del águila y del caimán corrobora esta idea ya que es fauna que no reside en las alturas. Lo que demuestra la existencia de estos animales es que eran conocidos y prestigiosos, por este motivo eran retratados en piedra.

Las excavaciones fuera del centro ceremonial prueban que fue un asentamiento que en su apogeo debió tener entre dos mil y tres mil habitantes. Según Burger el valle de Mosna y la parte Sur del Callejón de Hauylas eran áreas de influencia inmediatas.

El estilo cultural de Chavín fue de carácter transregional. Por el Norte llega hasta la actual frontera peruano-ecuatoriana, en la costa hasta Tumbes y por la sierra hasta Chota (Cajamarca). Por el Sur se llega hasta Ayacucho. En la costa, Nazca parece ser su límite sureño. Parece ser que la expansión del estilo cultural Chavín no fue conflictiva, las áreas de influencia desarrollaron en mayor o menor medida los rasgos característicos como la plaza hundida, los motivos de la fauna y los edificios piramidales que insinúan ceremonias públicas. Estamos ante una expansión cultural dirigida por la elite sacerdotal cuyo credo religioso ha conseguido cruzar las fronteras regionales, lo que supone que esta elite religiosa era capaz de actuar en lugares distintos a su origen y por tanto, que estaba perfectamente constituida y organizada.

Hacia el año 500 a.C. comienza el fin de la influencia Chavín. El crecimiento de la demanda sacerdotal superó las posibilidades locales de producción y mano de obra. Se inician así nuevas formaciones regionales en torno a líderes locales.

No nos debemos confundir, Chavín no era un Estado, ni la autoridad sacerdotal era independiente de los dioses, ni conformaban un patrón urbano reconocible. La decadencia Chavín supone un proceso de rearticulación social, de organización en torno a jefes locales y las aldeas intentarán desarrollarse autónomamente. Para ello tendrán que controlar el medio ambiente y también se producirá una expresión propia en las creaciones artísticas. En las aldeas después de Chavín, fueron destacando un *ayllu* y su líder.

Este nuevo reordenamiento social de cacicazgos presenta características arqueológicas nuevas. Se consolida la distancia entre gobernantes y gobernados, visible en los ricos y lujosos enterramientos de las autoridades (excelentes vestiduras y adornos corporales), donde tenemos evidencia de sacrificios humanos. Las tumbas están construidas con pozos de ventilación. Éstos suponen un universo religioso que permite al muerto intervenir sobre los vivos. Un ejemplo de esto es la necrópolis de Wari Kayan (Paracas).

Vemos por tanto, un aumento del esfuerzo y del tiempo empleado a la hora de los enterramientos y por consiguiente un crecimiento de la autoridad política. En definitiva, estamos ante la consolidación de una elite que se atribuye derechos por voluntad divina que santificaban así el poder que detentaban. Esto supuso también al aumento de la demanda de bienes y servicios, que vino respaldada por brazos armados.

No debemos caer en el error de que lo dicho anteriormente conllevara una profesionalidad laboral, sino que seguramente cada aldea movilizase un conjunto de personas aptas para acometer tareas comunales, como la realización de santuarios, construcción de canales de regadío...

incluso también la guerra. La elite era la que mandaba las tareas a realizar y mediante fiestas y ceremonias motivaban a los *ayllus* encargados de realizarlas.

## Moche

La civilización mochica se desarrolló a través de la costa por todos los valles fluviales a partir del río Piura hasta el río Huarmey al sur recorriendo un área de más de 500 kilómetros, pero su extensión de este a oeste era limitada, encontrándose sólo asentamientos mochicas entre el mar y las quebradas, un tramo que oscila entre los 60 y los 80 kilómetros.

No tenían escritura pero su alfarería, en la que encontramos reminiscencias de Chavín, nos ha mostrado un alto nivel de desarrollo en la representación de su sociedad. La metalurgia mochica era decorativa y tecnológicamente más avanzada que la de civilizaciones anteriores, adornos de oro, plata y cobre, cuentan también con incrustaciones de turquesas y de lapislázuli. Utilizaron formas geométricas y motivos mitológicos (divinidad Felina muy utilizada).

Los mochicas construían estructuras fortificados en adobe sobre los flancos de los valles, también palacios en la cima de terrazas, túmulos para los entierros y pirámides como la Huaca del Sol.

En el siglo I, Moche marcó su inicio con sus grandiosas edificaciones de adobe. En Cerro Blanco se elevó la *Huaca del Sol*, uno de los mayores monumentos prehispánicos construidos, una pirámide cuya base abarca más de cinco hectáreas y tiene una altura de cuarenta y un metros. A una distancia de aproximadamente quinientos metros al sur de ésta, se encuentra la *Huaca de la Luna*, un complejo de tres plataformas antiguamente rodeadas por altas paredes de adobe. Como es de suponer, las plataformas fueron construidas en distintas épocas. Sus muros estaban adornados con impresionantes murales.

La Huaca del Sol y la de la Luna forman parte de un gran complejo urbano compuesto por residencias de adobe, de grandes plazas con muros con hornacinas y de talleres de artesanos cualificados. La naturaleza exacta de los edificios no es fácil determinar tras las devastadoras inundaciones del año 600 d.C., aunque la cerámica sí nos proporciona pistas:

En la cerámica aparecen dos tipos de construcciones, unas estructuras impresionantes de adobe edificadas sobre una plataforma o pirámide (probablemente, casas de las elites o edificios religiosos). Otras vasijas reproducen residencias más modestas de un tipo que puede verse hoy en campos cercanos. En estas vasijas aparecen las casas sin muros, seguramente para poder ver la escena que en su interior ocurre, lo que no quiere decir que no los tuviesen.

Los enterramientos mochicas nos sugieren una sociedad altamente estratificada. Antes de los descubrimientos de las tumbas de Sipán se habían excavado más de 350 tumbas moche; muchas se encontraron en asentamientos principales que contenían las pirámides. En las tumbas más sencillas encontramos al cuerpo envuelto en una mortaja de algodón sin adornos y colocado boca arriba en un hoyo superficial. En otras más complejas el cuerpo estaba envuelto en varias mortajas y esteras de paja entretejida o colocado en un ataúd de carrizo.

Como he señalado en líneas anteriores, los mochicas carecían de escritura, pero gracias al legado cerámico que nos han dejado (pese a los saqueos de los huaqueros) de gran calidad e importancia nos ha ayudado a conocer esta sociedad.

Las cerámicas nos muestran imágenes de señores (confirmados muchos aspectos tras conocer los enterramientos reales intactos de Huaja Rajada), guerreros en lucha y procesiones rituales, escenas de pesca y caza o imágenes de casas, barcas y zonas geográficas como desiertos.

La religión tuvo un papel importante en la iconografía cerámica, pero es difícil interpretar. El dios mochica más importante parece ser que residía en las montañas y como señala Benson, se le suele representar sentado sobre una plataforma rodeado de montañas: él es el creador del mundo. Con más frecuencia se representa a otro dios que posee un hocico de felino y colmillos (nos recuerda a Chavín), ataviado con pendientes en forma de cabeza de serpiente y un tocado de cabeza de jaguar, dotado de una figura robusta con brazos y piernas en continuo movimiento. Es posible que sea un representante del dios supremo. Algunas veces es representado tocando zampoñas (éstas se han encontrado en enterramientos junto a los cadáveres) lo que nos hace suponer que la música jugaba un papel importante en el ritual funerario mochica.

Otro tema que aparece abundantemente en la cerámica es el de los sacrificios. Encontramos representación de ellos en las montañas, en los que se ofrendaban varias víctimas al dios creador. También aparecen escenas de sacrificio al dios de los colmillos, pero éstas suceden en el mar y el dios observa desde lejos. Encontramos otras vasijas con escenas de guerreros desnudos con sogas que les rodean el cuello, representación de cabezas-trofeos –decapitación sacrificial–, en otras aparecen las víctimas que son atacadas por distintos animales.

Aparecen animales relacionados con prácticas rituales (águilas, murciélagos, colibríes, ciervos), algunos actúan como guerreros, mensajeros...

La guerra también es un tema recurrente e importante. Se representa mediante escenas en las que el dios principal aparece luchando con monstruos, pero nunca como jefe en las batallas humanas; tampoco suele llevar armas convencionales. De esta iconografía podemos averiguar el armamento utilizado por los guerreros mochicas. Sabemos que llevaban cuchillos al cinto, que el arma principal es una larga porra y que como defensa utilizaban un escudo cuadrado o redondo, aunque practicaban el cuerpo a cuerpo. Seguramente luchaban para conseguir prisioneros, no para matar –no aparece ningún muerto en batalla–. También encontramos representaciones de prisioneros, desnudos cuyo fin era la decapitación ceremonial.

También encontramos representados aspectos de la economía mochica en la cerámica. En muchas cerámicas hallamos representadas balsas que se utilizaban por los hombres para ir al mar, los mariscos eran importantes en esta cultura. Distintas plantas son igualmente representadas, como el maíz, el pallar, el maní, el camote, los pimientos... que nos indican su importancia, el maíz por ejemplo, es representado con el dios de los colmillos, y los pallares los encontramos como guerreros y mensajeros.

El tema del nacimiento y la muerte lo utilizaron mucho los mochicas en sus vasijas. Se suelen encontrar cadáveres en la iconografía, también calaveras y costillas descarnadas, los muertos estaban desnudos y en muchas ocasiones con el pene erecto.

Escenas de la actividad sexual forman parte de la iconografía cerámica mochica. Son frecuentes las representaciones de coito anal y de felación. Se han encontrado muchas vasijas de este tipo en tumbas de niños. En estas escenas el artista mochica realza los órganos sexuales, lo que en un principio hace pensar que su uso era religioso o ceremonial relacionado con la fecundación, pero todavía hay muchas dudas, ya que si fuera así, no se entiende que el coito sea anal.

Merece la pena detenernos un momento en las *Tumbas Reales* encontradas cerca de Sipán, ya que tras su descubrimiento nos han hecho comprender muchos datos de la cultura Moche. El complejo muestra dos grandes pirámides truncadas que se comunican mediante una serie de rampas, y una tercera que se comunica con estas dos gracias a una plaza (parece una construcción exenta). Este complejo ha pasado por muchos períodos de construcción; en su fase inicial parece haber sido una simple plataforma rectangular baja que pertenecería seguramente al siglo I d.C., seguida por cinco pisos más de los cuales el último se construiría en el año 300 d.C.

El hallazgo de las tumbas de Sipán fue realizado por saqueadores que afortunadamente pasaron por alto un cetro de cobre, de un metro de largo, que en uno de los extremos tenía un complejo arquitectónico con techo a dos aguas y en el caballete del tejado había diecisiete cabezas humanas bifrontes. También contaba con la representación de una escena fantástica en la que una criatura que parece ser el dios más importante mochica, representado mitad felino, mitad saurio, copulaba con una mujer sobre una luna creciente. Está claro que este cetro formaba parte de los atributos ceremoniales de un señor mochica de muy alto rango.

*Tumba I:*

Al penetrar en la cámara se encontró un hombre adulto de entre treinta y cinco y cincuenta años de edad al que le faltaba el pie izquierdo, su cuerpo estaba cubierto con objetos de cobre, en posición paralela a su cuerpo había una gran porra de guerra recubierta por una lámina de cobre. Al otro lado del entierro se encontró un ataúd de carrizo sobre una llama sacrificada, en cuyo interior había un cadáver masculino de entre treinta y cinco y cuarenta y cinco años de edad.

Entre los objetos que se encontraron en la tumba hay que mencionar un gran lingote de oro colocado sobre un tocado real, pectorales de cuentas... a medida que se acerca al cuerpo, la calidad y cantidad de los ornamentos personales iba en aumento, por ejemplo dos orejeras que representan un par de guerreros que empuñan una porra de combate. El cadáver sostenía en ambas manos fabulosos cetros.

Se encontraron tres ataúdes de carrizo en los que se hallaron mujeres adultas, dos de ellos superpuestos a la cabecera de la tumba principal y el tercero en los pies; seguramente fuesen puestos antes que la figura principal fuese cadáver.

*Tumba II:*

A 2,4 metros bajo la superficie del suelo se encontró el cráneo de una llama y unos cuantos centímetros más abajo el cadáver de un hombre adulto en posición de decúbito dorsal enterrado en un ataúd de carrizo. Poseía bellos ornamentos, collares de cuentas en forma de cabezas humanas, uno con los rostros sonrientes y otros ceñudos. El hombre tendría unos cuarenta años y medía 1,5 metros de estatura. Sus joyas no eran tan vistosas como las encontradas en la tumba I, pero bajo su cabeza se halló un tocado de cobre dorado, que en su centro tenía la cabeza y el cuerpo de un búho, sus ojos estaban formados por incrustaciones de conchas blancas y turquesas.

A cada lado del hombre yacía una mujer joven sin ataúd, y a sus pies, transversalmente un niño de unos diez años en un pequeño ataúd con los esqueletos de un perro y una serpiente.

Se encontró una tercera tumba real a más de cinco metros bajo la pirámide, lógicamente anterior a las anteriores. El cuerpo estaba colocado en un hoyo, envuelto en varias mortajas tejidas, debía tener unos cincuenta años y 1,6 metros de estatura, le habían puesto un gran lingote de oro en la boca y dos grandes lingotes de plata sobre el mentón. Pero en ella también se encontraron fantásticas obras de arte, como un collar de oro de diez cuentas que representaban a una araña con un cuerpo en forma de cabeza humana; otra excelente obra es una cabeza de felino de cobre dorado con un tocado en forma de serpiente bicéfala, naturalmente también orejeras y narigueras de oro y plata.

Por todo ello, deducimos la extraordinaria riqueza, el poder y el avance tecnológico de la civilización Moche, que naturalmente contaba con una jerarquización social que podemos ver en las vasijas que nos han llegado hasta hoy. Aunque conocemos menos la organización política Moche, parece cuestionable que haya existido un poder similar a un reino compacto, es más probable que fueran distintos asentamientos que compartían una cultura común. Dado el estudio de los distintos asentamientos mochicas, con la existencia de enormes distancias entre ellos, parece más lógico pensar que los enterramientos encontrados fueran de gente poderosa e independiente, más que de súbditos o de «representantes» de un mochica superior.

## Nazca

Nazca supuso un descubrimiento asombroso. A unos 400 kilómetros al sur de Lima, se encuentra en una meseta elevada a una distancia de 75 metros de la costa y una altitud de 500 metros; limita al norte con el río Ingenio y al sur y al este con el río Nazca.

En las pampas de Nazca, carentes de vida animal y vegetal, terreno yermo y solitario, aparecen unos dibujos hechos por el hombre, unos asombrosos perfiles realistas de animales y plantas intercalados por líneas rectas dispersas en todas direcciones. Se avistaron por primera vez en avión en 1926, ya que si no es desde cierta altura es difícil percibir estos dibujos.

Las formas avistadas consisten en líneas rectas, rectangulares, espirales y trapezoides, y otros diseños nos muestran plantas y animales, como peces, pájaros, un mono, una araña y otras criaturas.

Una expedición de la Universidad de Columbia en 1952 planteó que la cultura Nazca surgió del estilo anterior de Paracas, situado en una península al noroeste de Nazca, pero con un clima muy parecido. A partir del año 1900 empezaron a aparecer tejidos de gran riqueza y magníficamente bordados que fueron identificados como pertenecientes a Paracas. En esta península se encontraron tres zonas de enterramientos, Cavernas, Arena Blanca y Necrópolis (del año 600 al 175 a.C.), en las que se encontraron vasijas y botellas decoradas de Paracas que tienen una clara relación con la cultura Chavín, fechadas aproximadamente del año 400 al 200 a.C.

Los habitantes de Paracas produjeron cerámica, porras de piedra labrada, cuchillos de obsidiana, collares de hueso y concha, ornamentos de oro martillados, magníficos abanicos de plumas...

Anne Paul, especialista en Paracas, describe a los jefes ataviados con tejidos bordados en colores vivos que cubrirían túnicas, ponchos y camisas también decoradas. Como podemos ver en Necrópolis, al morir un jefe, era envuelto con los mantos que utilizó en vida y con otros para ofrendar.

Puede considerarse que la cultura Nazca es sucesora de Paracas, ya que las fechas que manejamos para ella son del año 200 a.C. hasta el 600 d.C. En Nazca la cerámica fue la forma artística por excelencia, el tejido es menos rico y refinado que el de Paracas, pero las imágenes pintadas en la cerámica desarrollan los temas utilizados en los tejidos de Paracas. La cultura Nazca no se basó en grandes centros de población comparables a Moche. Parece que las vasijas nazcas fueron producidas en pequeños asentamientos dispersos en un área bastante amplia. Todos estos centros poseían unos temas básicos en la iconografía aunque encontremos algunas variaciones locales. No encontramos grandes ruinas que nos sugieran la existencia de un «imperio» nazca, y tampoco existen evidencias de almacenamientos, ni edificios administrativos característicos de un estado conquistador.

Una excepción a este patrón de asentamiento de pequeños núcleos dispersos, es *Cahuachi*, situado al oeste de Nazca. Se encontraron en este asentamiento numerosas vasijas que mostraban cabezas decapitadas junto con cabezas humanas reales, lo que hizo pensar en un principio que fue un centro militarista y agresivo. Helaine Silverman dice que Cahuachi floreció desde el siglo I hasta el año 750 d.C., y es el asentamiento más grande de la cultura nazca por excelencia, pero no tiene indicios de que fuese un centro estrictamente urbano. En el 85 por ciento del área no se ha encontrado ocupación residencial y en el 15 por ciento restante lo que hay son montículos de diferente tamaño y forma y parece que tuvieron un propósito ceremonial, única muestra de construcción monumental. Cahuachi seguramente adquiriese un carácter sagrado por los ritos que allí se practicasen más que por sus monumentos. Seguramente Cahuachi no tuviese la importancia comercial de otros centros ceremoniales (como Pachacamac). Hay pocas instalaciones de almacenaje y los bienes que se llevaban a la zona eran consumidos rápidamente. Seguramente era un centro ceremonial que dependiendo de la fecha podía tener mucha actividad o estar casi despoblado, con una población residente muy pequeña.

Silverman descubrió varias cabezas-trofeo representadas desde el principio en la cerámica nazca. Es tan importante la presencia de estas cabezas, que a partir de los restos mortales encontrados aquí y en otros asentamientos, la autora cree que aproximadamente el 5 por ciento de los habitantes de Nazca terminaron como cabezas-trofeo o cuerpos decapitados.

Tras los datos que hemos visto, podemos deducir que los asentamientos nazca interactuaban entre ellos, pero que eran sociedades separadas, ligadas por una tradición religiosa compartida.

Volviendo a las líneas de Nazca, se encontró la figura de un mono de ochenta metros de largo, junto con otros animales que no se conocían en esta zona. María Reiche estaba convencida de que contenían un significado astronómico y que las líneas las podían haber divisado en el cielo. Paul Kosok, otro estudioso de Nazca, estaba también obsesionado con la idea de que el principal significado de las líneas era astronómico, basándose en que los grupos que desarrollan un sistema agrícola complejo debían tener una comprensión astronómica para poder predecir las estaciones mediante los movimientos de las estrellas.

La hipótesis astronómica de las líneas de Nazca se ha cuestionado, pero algunos académicos como Johann Reinhard creen que algunas de estas líneas sí desempeñaron un papel en las observaciones astronómicas. Plantea que para el resto de los dibujos no puede existir una única solución, y se inclina hacia la idea de que las líneas trapezoidales y los triángulos fueron trazados para conducir la humedad de las montañas a Nazca, se trataría de establecer una orientación local respecto al flujo de agua.

Aveni también piensa que el agua es el principal factor de realización de las líneas, dice que los datos sobre los centros radiales es el agua, vital para la región. Hay 62 ejes de las líneas a lo largo de los ríos principales o cerca de sus afluentes. Aveni y Urton examinaron un área bordeando el valle de Nazca y descubrieron cinco centros radiales formados por líneas, todos consistían en un grupo de colinas y desde ellas se podía divisar el monte más cercano de las montañas de los Andes, estas colinas estaban situadas en el borde de la pampa colindante con los ríos principales y sus afluentes. En total fueron tabuladas 762 líneas que surgían de 62 centros.

En definitiva, la hipótesis astronómica tiende a descartarse y cobra más fuerza la relacionada con ritos asociados al abastecimiento de agua y que estaban hechas para transitar por ellas, no para ser vista desde el cielo. La concepción lineal constituye un rasgo notable de la cultura andina prehispánica, no solo en Nazca, también en otros lugares de Bolivia y Chile se han encontrado prácticas similares.

## Tiwanaku

Tiwanaku junto con Wari son los centros más importantes del Horizonte Medio.

El asentamiento de Pucará se puede decir que influyó notablemente en Tiwanaku. Datado sobre el año 200 a.C. en su fase inicial, está situado al norte del lago Titicaca. La mayoría de los monumentos principales de Tiwanaku fueron construidos en los primeros siglos de nuestra era, y fueron anteriores a la etapa «expansionista» que posee una distintiva iconografía religiosa estrechamente ligada con el Horizonte Medio peruano (600-1000 d.C.) en Wari.

El emplazamiento de Tiwanaku mide aproximadamente 1.000 por 500 metros y constituye la primera ciudad monumental planificada de Suramérica. En esta gran extensión de terreno se ha descubierto una zona urbana que ocupa aproximadamente cuatro kilómetros cuadrados. El área central del complejo contiene la pirámide de *Akapana* y el templo hundido de *Kalasaya*, cerca encontramos la famosa e imponente *Puerta del Sol*, con el más famoso tema iconográfico del Horizonte Medio, el *Dios de los Báculos,* flanqueado por dos acompañantes de perfil.

Parece que los templos monumentales fueron edificados antes del año 300 d.C. y hasta el período que comienza sobre el 600 d.C. no se adoptó la iconografía típica que conocemos hoy, es decir, los templos no tenían la imagen del Dios de los Báculos. Los orígenes de esta iconografía no los conocemos. El friso de la Puerta del Sol consiste en un dios sol de frente que sostiene dos báculos adornados con cabezas de puma y de cóndor, derrama una especie de lágrimas zoomorfas (éstas varían dependiendo de la zona de Perú donde lo encontremos) y está flanqueado por dos figuras de perfil con báculos en las manos y alas plegadas.

Los objetos de estilo Pucará son cronológicamente anteriores a esta iconografía tiwanacoide. Su tema básico también nos muestra a un dios representado de frente rodeado de unos acompañantes. Las fechas de radiocarbono de estas imágenes de Pucará se agrupan en el siglo I a.C.

## Wari

El asentamiento de la cultura Wari lo encontramos en la vertiente oriental del valle de Ayacucho, entre 2.700 y 3.100 metros sobre el nivel del mar. Tanto Wari como Tiwanaku comparten iconografía, pero las de Wari están peor preservadas.

El asentamiento Wari abarca un área de quince kilómetros cuadrados; zona alta y seca, carece de aprovisionamiento natural de agua. El núcleo posee muchos edificios de piedra, casi todos pertenecientes al Horizonte Medio y tan sólo una estructura al Horizonte Temprano.

Fue edificada sin un plan preconcebido y se desarrolló de manera espectacular tras aparecer la piedra labrada megalítica (característica de Tiwanaku) en las fases iniciales del Horizonte Medio, entre los años 550 y 600 d.C. Las estimaciones de población varían, de un máximo de 70.000 hasta un mínimo de 20.000. Los complejos amurallados son característicos de la arquitectura Wari, los recintos están divididos en secciones rectangulares que forman patios rodeados por habitaciones. Estos pueden haber servido como residencias familiares ya que en algunas se han encontrado cocinas.

Los restos arqueológicos nos muestran tres fases distintas en la arquitectura. La primera fase está caracterizada por la construcción de una serie de templos que convirtieron a la ciudad en una sede residencial y ceremonial, las fechas de radiocarbono son del año 580/± 60 d.C. La segunda fase es llamada también de la construcción de complejos con patio, en ella la característica fundamental es la diferencia que se crea entre la mitad norte y la mitad sur de la ciudad, lo que sugiere una división de la propia comunidad (el complejo *Moraduchayuq*, en el centro de Wari, es el mejor ejemplo), la organización espacial dentro de los recintos era regular, las habitaciones y los patios estaban comunicados por puertas. En el sector norte, los complejos con patio estaban organizados alrededor de dos avenidas que se cruzaban, el acceso se limitaba a una entrada principal en el muro occidental, y tres secundarias en otros tramos del muro, el complejo estaba formado por lo menos por siete grupos muy similares de habitaciones. De este complejo se desenterraron muchos artefactos, lo que sugiere que sus habitantes pertenecían a la clase alta de la comunidad, como por ejemplo vasijas de boca ancha (utilizadas para el almacenaje y fermentación de la chicha ritual), cerámica elaborada, artículos suntuarios importados como el *Spondylus*, y no se encontraron utensilios relacionados con la agricultura o la manufactura. En la tercera fase se derribaron algunos edificios para una reconstrucción posterior más espectacular, de proporciones monumentales con muros muy altos pero que nunca llegaron a terminarse ya que la ciudad se abandonó.

La parte sur de Wari está mucho peor conservada, pero podemos decir que los edificios son más pequeños que los del norte y que su construcción también pertenece a la fase de los complejos con patio.

No sabemos si la clase dominante o funcionarial de Wari ejerció su poder sobre la ciudad o si abarcó un estado que incluiría algunos centros vecinos o una extensión más grande. También se nos plantea un interrogante a la hora de establecer las relaciones de Wari con Tiwanaku en sus últimas fases, y es evidente la importancia de la iconografía que ambos comparten.

Entre los centros del período wari es notable Pikillacta, ubicado al sureste de Cuzco, en la cuenca del río Lucre. En un principio se pensó que era un asentamiento incaico, pero Sanders, tras las primeras excavaciones que dirigió en la zona concluyó que pertenecía a Wari. Pikillacta no era una ciudad aislada, sino que era uno de los asentamientos situados en la cuenca del río y alrededores.

El principal elemento arquitectónico de Pikillacta es un gran recinto rectangular que mide 745 por 630 metros y a cada lado de éste, hay otros. En total el asentamiento tiene un área de dos kilómetros cuadrados. Era una ciudad absolutamente planificada, los muros que formaban el perímetro fueron edificados antes que el propio asentamiento, dentro de un proyecto de construcción preconcebido. Las excavaciones nos han mostrado innumerables fragmentos de cerámica, huesos y trozos de huesos, artefactos (las fechas de radiocarbono van del año 500 al 600 d.C.). McEwan cree que Pikillacta tuvo una función residencial y otra ceremonial que dependerían a su vez de una administrativa, la cual podría haber sido el propósito original de su planificada construcción, si es que formó parte de un dominio controlado por Wari.

Como hemos podido observar, Wari y Tiwanaku fueron los centros principales del período conocido como Horizonte Medio, relacionados entre sí por una iconografía común.

La influencia estilística de Wari a lo largo de la costa peruana hizo pensar en Wari como un imperio conquistador, y que la expansión militar fue la clave para la difusión de la influencia de esta cultura (esta teoría era aceptada en los años sesenta del siglo pasado por Luis Lumbreras y también por Dorothy Menzel). Otros estudios más recientes han interpretado el Horizonte Medio peruano como una era de centros regionales independientes y que por tanto se ha exagerado el alcance de las «conquistas waris», al igual que la difusión de la iconografía wari-tiwanaku que se ha encontrado en los Andes centrales, que seguramente se difundió por contactos comerciales y no bélicos, pero es muy difícil determinar los mecanismos de intercambio.

Sin duda el asentamiento de Tiwanaku es anterior a la construcción de Wari, pero esto no confirma que la iconografía compartida por ambas culturas estuviera presente en el primero antes de que apareciera en Wari. Se ha sostenido que el origen de esta iconografía podría encontrarse en Pucará, cuyos comienzos datan del año 200 a.C. La cerámica más antigua de Tiwanaku también parece que recibió la influencia de objetos costeños descubiertos en Pachacamac (estilo conocido como Tiwanaku costeño).

Aunque los detalles iconográficos varían según el lugar, hay unas directrices principales compartidas; los principales componentes son deidades con báculos retratadas de frente, flanqueadas por acompañantes de perfil y otras figuras humanas. El medio de expresión varía según la zona, en Tiwanaku por ejemplo se representa en grandes monolitos, en Wari sin embargo, aparece principalmente en la cerámica (principalmente en grandes vasijas y urnas rituales), aunque también en cucharas de madera con mangos decorados y en miniaturas de piedra.

Son típicas también de esta iconografía compartida, imágenes de seres naturales y sobrenaturales, así como cabezas-trofeo. También debemos recordar que el retrato de la deidad de frente ya estaba difundido en el entorno andino desde la época de Chavín.

Al igual que reconocemos las semejantes iconográficas entre las sociedades del Horizonte Medio, también identificamos las diferencias. En Tiwanaku la principal característica era la escultura lítica, que no fue transmitida a Wari, y en Wari sirvió para ciertas cámaras mortuorias de un tipo no encontrado en Tiwanaku.

La arquitectura de las dos es absolutamente distinta tanto en la forma como en la concepción. Sólo encontramos algunos rasgos que se encuentra, en ambas, como por ejemplo el templo hundido, pero con diferencias tanto en el estilo como en el trazado. También encontramos semejanzas en los métodos de construcción y la tecnología de la cantería megalítica en los dos centros está seguramente relacionada. En lo fundamental, la arquitectura de Tiwanaku se diferencia tanto en lo conceptual como en lo formal de la de Wari; el asentamiento Wari transmite la impresión de una prisión, sin embargo la de Tiwanaku parece diseñada más para impresionar al espectador y transmite un sentimiento cívico, ningún muro divide los principales edificios. Mientras Wari parece que no tiene entradas formales, Tiwanaku tiene tradición de puertas y portales decorados que seguramente sirviesen para rituales cívicos. Ambas arquitecturas están dotadas de un sentido geométrico distinto al de otros períodos andinos aunque lo expresen de manera diferente, la Tiwanaku horizontal y la Wari vertical.

Se puede considerar que ambas culturas formaron parte de una época bien definida como es el Horizonte Medio, y eran portadoras de una cultura común, pero a su vez las diferencias entre ellas nos invitan a seguir estudiándolas.

## Chimú

El reino de Chimú, anterior a los incas, llegó a dominar la franja costeña del Perú, extendiendo sus fronteras por el norte más allá de Tumbes y por el sur a unos 1.000 kilómetros de Lima.

En la fase inicial la expansión desde Chan Chan, la capital, fue modesta. Se ha hablado de esta fase como de consolidación básica, período que iría desde el año 900 d.C. hasta el 1050. En esta etapa los valles de Virú y Chicama se aliaron o se sometieron a la dinastía Chimú. Se han encontrado restos de cerámica chimú en el valle de Chicama (en Cerro Lescano). Teniendo en cuenta que estos valles eran cercanos, la expansión chimú en esta fase inicial tendió a dirigirse a zonas más productivas antes que a los valles costeños.

La conquista de gran alcance de Chimú tardó en producirse varios siglos desde la aparición de Chan Chan (hacia 1130 d.C.). En esta época era el asentamiento de Farfán, cercano a la costa en la región del río Jequetepeque, el que se considera probablemente el centro del poderío chimú en la zona. La fecha más antigua de radiocarbono para las ruinas de Farfán es 1155/± 130 d.C.; posee seis complejos rectangulares que contienen detalles que se relacionan con las ciudades de Chan Chan. La plataforma funeraria fue usada una sola vez para un individuo de alta posición. Los restos de Farfán indican que fue un centro administrativo principal destinado a controlar la región, ya que hay muy poco espacio ocupado por viviendas domésticas. Los almacenes tienen un tamaño limitado, lo que induce a pensar que servían para bienes suntuarios más que para productos agrícolas ordinarios.

Se conoce muy poco esta primera fase de la expansión Chimú, parece que llegaron a unos doscientos kilómetros al sur de Chan Chan; hacia el interior hasta el valle de Moche, avance que fue costoso por la cantidad de fortificaciones que los chimús se vieron obligados a construir para establecer un contacto más directo con la sierra, que era más productiva.

La segunda etapa de expansión del reino Chimú se realizó sobre el valle del río Casma donde construyeron dos centros cerca de su desembocadura, cerca de diez de carácter administrativo y cinco pueblos.

Manchán es el asentamiento principal de esta región, abarca un área de 63 hectáreas. Los habitantes de este sitio vivían en estructuras de paredes de caña donde se han encontrado pruebas de la producción de artefactos de cobre y textiles, una de ellas en concreto era un taller especializado en trabajar el cobre. En Manchán no encontramos rastro de presencia de administradores de alto rango, y los de categoría inferior no fueron enterrados en plataformas funerarias como en Chan Chan. Sus instalaciones de almacenaje fueron también modestas en comparación con los palacios de ésta.

Sólo en los valles de Casma y de Nepeña existen pruebas de un control imperial Chimú absoluto. Por el sur se ha encontrado cerámica chimú hasta el valle del Huaura, pero ningún centro de poder. Las fuentes etnohistóricas sugieren que la influencia chimú se extendió hacia el sur a través del valle de Chancay e incluso hasta el Chillón (al norte de Lima), donde se han encontrado vestigios de cerámica y otros objetos chimús.

En su expansión septentrional Chimú se encontró con la cultura Lambayeque, de tradición mochica. Las piezas de esta cultura son normalmente superiores a las chimús. En los años ochenta del siglo anterior se excavaron los asentamientos de Chotuna y Chornancap, situados a unos pocos kilómetros de la ciudad de Lambayeque; Chotuna, consiste en una serie de palacios, pirámides y recintos cercados, dispersos en un área de casi veinte hectáreas. Los muros de una de las pirámides están cubiertos por frisos que pertenecen a una etapa intermedia del asentamiento, por tanto, anterior a la ocupación Chimú. Chornancap consiste en una única pirámide truncada en la que encontramos por su lado norte una extensa área de estructuras de adobe, con salas, corredores y patios abiertos.

Al definir los límites máximos septentrionales de la expansión Chimú, debemos considerar la costa norte más alejada de Perú, más allá del desierto de Sechura. Costa montañosa y árida, separada por los valles de los ríos Piura, Chira y Tumbes. La cerámica preincaica encontrada en la región de Piura refleja en su fase III (1000-1450 d.C.) la presencia imperial chimú. Se han encontrado alrededor de setenta y ocho emplazamientos registrados en el valle del alto Piura, aunque el más marcado por Chimú es Chalacala, asentamiento que contiene una serie de complejos amurallados y un gran recinto rectangular. De todos modos no sabemos si los valles de Piura y Chira fueron conquistados o simplemente estaban sometidos a una influencia chimú, ya que la cerámica (indicativa de la influencia) casi no la encontramos en las recogidas superficiales de estos valles. Tal vez esta zona fue un nexo para el comercio marítimo entre Ecuador y Perú, que incluía la concha *Spondylus* del norte.

Chan Chan fue la gran ciudad imperial, aunque debemos reconocer que es difícil denominarla así, ya que es un asentamiento desprovisto de calles y plazas, la unidad real era la ciudadela rodeada de un enorme muro. Este recinto tiene un área de aproximadamente veinte kilómetros cuadrados y casi un tercio corresponde al núcleo urbano y se ha estimado que su población sería de unos 36.000 habitantes. Las fechas de radiocarbono para Chimú van desde el año 900 al 1470 d.C.

En Chan Chan encontramos hasta once impresionantes ciudadelas, todas ellas con sus muros interiores decorados con grandes frisos de adobe. El tamaño de los complejos varía desde un mínimo de 72.000 metros cuadrados hasta un máximo de 265.000. El sector central de estos complejos tiene como eje una gran plataforma funeraria (menos *Laberinto*, que carece de ella), otro rasgo importante de estos es la existencia de unas estructuras llamadas «audiencias» cuya función se cree que era administrativa, suelen ser de pequeño tamaño y en ellas sólo entraría cómodamente una persona sentada. Los complejos contenía pozos y almacenes, también habitaciones que por sus reducidas dimensiones sugieren actividades mercantiles, no un uso residencial. Parece que la nobleza más importante viviría en los anexos septentrionales de los complejos tardíos, la baja nobleza y los funcionarios estatales en los recintos más pequeños adyacentes a los complejos y la población urbana (muchos de los cuales eran artesanos) en un tipo de construcciones más prosaicas llamadas «agrupaciones de pequeñas habitaciones irregulares». Los datos arqueológicos tienden a apoyar la idea de que cada complejo pertenece a un único gobernante, que dejaba en propiedad a una especie de gremio, convirtiéndose así en una institución similar a las *panaqas* incaicas.

En el campo artístico la cultura Chimú destaca en la arquitectura, cuyo ejemplo más espectacular es la gran Chan Chan. La cerámica evoca diseños mochicas, sobre todo los vasos de asa estribo, muchos de los cuales se producían en serie por lo que eran menos creativos que los de Moche. La iconografía marina es predominante en el arte chimú, el océano ahora asume una importancia relacionada con el comercio marítimo, ya no es visto sólo como un escenario de pesca ritual. También sabemos de la importancia del *Spondylus*, encontrado en los enterramientos reales como ofrendas enteras, cortadas y pulverizadas, también se han encontrado representaciones de buzos recogiendo estas conchas en Lambayeque y Sicán (seguramente en torno a Lambayeque se hubiera organizado el gran comercio del *Spondylus*).

Los artesanos estaban distribuidos en unidades unifamiliares (como las descubiertas en Laberinto), que contenían cocinas y espacio para el almacenaje. Seguramente la mayoría de las casas servían para actividades de metalurgia y producción de tejidos elaborados, aunque también existen huellas de carpintería y de talla de objetos de piedra.

Suponemos que aunque Chan Chan importaba algunos objetos suntuarios, también exportaba la producción en serie de algunos objetos. Si tenemos en cuenta el volumen de producción de Chan Chan, éste excedía las necesidades de la propia ciudad, lo cual nos induce a pensar en la existencia de un comercio exportador significativo. Mediante este comercio se hubieran importado materias primas como la lana de alpaca y lingotes de metal. Seguramente las redes de intercambio se extendían a lo largo de la costa y hacia el interior en la sierra.

La estructura básica de Chan Chan era una sociedad jerarquizada donde cada recinto palaciego tenía como eje las tumbas reales. La economía del estado Chimú inicial giraba en torno a la producción agrícola. La economía de la antigua Chan Chan pudo sostenerse con los recursos de la costa cercana, reforzada por un proceso de agricultura en huertos de hoyas que implicaban el uso de pozos superficiales. La primera fase de expansión llevó al control de la cuenca alta del río Moche y al desarrollo de sistemas de canales protegidos por fortificaciones, pues existe la necesidad de controlar los canales que mantenían los sistemas hidráulicos de la creciente población costeña.

Seguramente la búsqueda de mayores recursos agrícolas fuera un factor importante para la continua expansión costeña, particularmente hacia el sur donde se concentraron numerosos centros administrativos en torno a áreas provistas de mucha tierra cultivable. Los asentamientos concentrados en el río Casma, con un flujo de agua seguro, sugieren que el control de los recursos hidráulicos era una consideración importante. Los centros de los valles de Chicama y Jequetepeque estaban situados donde podían controlar los canales de riego. Por tanto el control del agua fue de suma importancia para los Chimú.

Parece que el gran Chimú prefirió compartir el poder con los señores tradicionales. Tendieron a no cambiar las formas existentes de gobierno; aunque la política predominante fuera ésta, y los señores locales retuvieran cierta autoridad, la política predominante dictó que el poder debía continuar concentrándose en Chan Chan. Físicamente lo podemos ver en el mayor tamaño de dicha ciudad con respecto a los otros centros y también en la capacidad de almacenaje, mucho mayor.

Cuando los incas dominaron Chimú, siguió siendo una sociedad elitista con señores de alto rango que movilizaban el trabajo humano para servir a los conquistadores. Por este motivo, aunque el poder Chimú fue extirpado, muchos de sus rasgos característicos en cuanto a arte y cultura permanecieron, y la propia monarquía incaica mostró ciertos rasgos autóctonos.

# CAPÍTULO II

## LOS INCAS. LOS INICIOS DEL TAHUANTINSUYO. MITOS DE ORIGEN

Para poder acercarnos a comprender a los incas y al vasto imperio que desarrollaron a lo largo y ancho de los Andes, debemos hacer un estudio exhaustivo de las crónicas que han llegado a nuestros días.

Las investigaciones sobre los incas presentan la dificultad de la continuidad ocupacional en el Cuzco; el espacio urbano contemporáneo se sobrepone al colonial y al prehispánico, lo que supone la imposibilidad de realizar excavaciones en el lugar. Esto hace todavía más importante la labor de los cronistas que nos han hecho llegar, muchas veces sin pretenderlo, documentos de primera mano sobre los incas y sobre la sociedad andina preincaica.

Todo parece indicar que el valle del Cuzco hacia el año 1200 d.C. estaba dividido en un conjunto de curacazgos inmersos en una rivalidad continua, pero ninguno de ellos llegaba a dominar la región. Todos ellos comparten una historia de guerras y alianzas, de pactos contra terceros y matrimonios de conveniencia por razón de Estado. Esta situación parece cambiar cuando el grupo inca decide desecar el fondo pantanoso del valle, según nos dice Cieza en su *Crónica del Perú*. Según la versión imperial es un inca quien descubre el curso subterráneo del agua que

49

irrigaba todo el valle, lo que demuestra la necesidad de control tanto de la tierra como de la irrigación de ésta. Pasemos a ver a continuación los orígenes del Tahuantinsuyu a través del relato de los hermanos Ayar. Veremos este mito de origen mediante la versión del cronista Juan de Betanzos que nos narra en *Suma y narración de los Incas*:

*«En que trata del sitio e manera que tenía el lugar que ahora dicen y llaman la Gran Ciudad del Cuzco y del producimiento de los orejones y según que ellos tienen que produceron e salieron de cierta cueva.*

*En el lugar e sitio que hoy dícen y llaman la Gran Ciudad del Cuzco en la provincia del Piru en los tiempos antiguos antes que en él hubiese señores orejones yngas Capac Cuna que ellos dícen Reyes había un pueblo pequeño de hasta treinta casas pequeñas pajizas y muy ruines y en ellas había trinta indios y el señor y cacique deste pueblo se llamaba Alcavica y lo demás de entorno deste pueblo pequeño era una ciénaga de junco hierba cortadera la cual ciénaga causaban los maniantales de agua que de la sierra y lugar do agora es la fortaleza salían (...). Al cual pueblo llaman los moradores del desde su antigüedad Cuzco y lo que quiere decir este nombre Cozco no lo saben declarar mas de decir que ansi se nombraba antiguamente.*

*Y viviendo y residiendo en este pueblo Alcavica abrió la tierra una cueva siete leguas deste pueblo do llaman hoy Pocarictambo que díce casa de producimiento y esta cueva tenía la salida della cuanto un hombre podía caber saliendo o entrando a gatas de la cual cueva luego que se abrió salieron cuatro hombres con sus mujeres saliendo en esta manera salió el primero que se llamó Ayarcache y su mujer con él que se llamó Mamaguaco. Y tras éste salió otro que se llamó Ayaroche y tras él su mujer que se llamó Cura y tras éste salió el otro que se llamó Ayarauca y su mujer que se llamó Raguaocllo y tras*

*estos salió otro que se llamó Ayarmango a quien después lla-*
*maron Mango Capac que quiere decir el Rey Mango y tras éste*
*salió su mujer que llamaron Mama Ocllo (...) los cuales como*
*fuesen de allí salidos fueronse por la cordillera de los cerros*
*siete leguas de allí hasta un cerro que está legua y media del*
*Cozco que llaman Guanacaure y decindiéronse (descendieron)*
*de allí a las espaldas deste cerro a un valle pequeño que en él*
*se hace donde como fuesen allí sembraron unas tierras de papas*
*comida destos indios y subiendo un día al cerro Guanacaure*
*para de allí mirar y divisar donde fuese mejor asiento y sitio*
*para poblar y subiendo ya encima del cerro Ayarcache que fue*
*el primero que salió de la cueva sacó su honda y puso en ella*
*una piedra y tiróla a un cerro alto y del golpe que dio derribó*
*el cerro y hizo en él una quebrada y ansi mismo tiró otras tres*
*piedras y hizo de cada tiro una quebrada grande en los cerros*
*altos los cuales tiros eran y son desde donde los tiró hasta do el*
*golpe hicieron segun que ellos lo fantasean espacio de legua y*
*media y de una legua.*

*Y viendo estos tiros de honda los otros tres sus compañe-*
*ros paráronse a pensar en la fortaleza de este Ayarcache y*
*apartáronse de allí un poco aparte y ordenaron de dar manera*
*como aquel Ayarcache se marchase de su compañía porque les*
*parecía que era hombre de grandes fuerzas y valerosidad y que*
*los mandaría y sujetaría andando el tiempo y acordaron de*
*tornar desde allí a la cueva do habían salido y porque ellos al*
*salir habían dejado mucha riqueza de oro y ropa y del demás*
*servicio dentro de la cueva ordenaron sobre cautela que tení-*
*an necesidad deste servicio y que volviése a lo sacar Ayarcache*
*el cual dijo que le placía y siendo ya a la puerta de la cueva*
*Ayarcache entró a gatas bien ansi como había salido que no*
*podían entrar menos y como le viesen los demás dentro toma-*
*ron una gran losa todos tres y cerráronle la salida y puerta*
*por donde entró y luego con mucha piedra y mezcla hicieron a*
*esta entrada una gruesa pared de manera que cuando volviese*
*a salir no pudiese y se quedase allá y esto acabado estuviéron-*
*se allí hasta que dende a cierto rato oyeron como daba golpes*

en la losa de dentro Ayarcache y viendo los compañeros que no podía salir tornáronse al asiento de Guanacaure donde estuvieron los tres juntos un año y las cuatro mujeres con ellos y la mujer de Ayarcache que ya era quedado en la cueva diéronla a Ayarmango para que le sirviese.»

«En que trata cómo Ayar Mango se descendió e los altos de Guanacaure a vivir a otra quebrada, donde, después de cierto tiempo, de allí se pasó a vivir a la ciudad del Cuzco, en compañía de Alcaviza, dejando en el cerro Guanacaure a su compañero Ayar Oche hecho ídolo, como por la historia más largo lo contará.

Y el año cumplido que allí estuvieron, paresciéndoles que aquel sitio no era cual les convenía, pasáronse de allí media legua más haciel Cuzco, a otra quebrada, questuvieron otro año, y desde encima de los cerros desta quebrada la cual se llama Matagua, miraban el valle del Cuzco y el pueblo que tenía poblado Alcaviz, y parecióles que era ben sitio aquel do estaba poblado aquel pueblo de Alcaviza; y descendidos que fueron al sitio y ranchería que tenían, entraron en su acuerdo, y parescióles quel uno dellos se quedase en el cerro de Guanacaure hecho ídolo, e que los que quedaban, fuesen a poblar con los que vivían en aquel pueblo y que adorasen a éste que ansí quedase hecho ídolo, y que hablase con el sol, su padre, que los guardase y aumentase y diese hijos, y los inviase buenos temporales. Y luego se levantó en pie Ayar Oche y mostró unas alas grandes y dijo quél había de ser el que quedase allí en el cerro de Guanacaure por ídolo, para hablar con el sol su padre. Y luego subieron el cerro arriba, siendo ya en el sitio do había de quedar hecho ídolo, dio un vuelo hacia el cielo el Ayar Oche, tan alto, que no lo devisaron; y tornóse allí, y díjole a Ayar Mango, que de allí se nombrase Mango Capac, porque él venía de donde el sol estaba, y que ansí lo mandaba el sol que se nombrase; y que se descendiese de allí y se fuese al pueblo que habían visto y que le sería fecha buena compañía por los moradores del pueblo; y que poblase allí; y

que su mujer Cura, que se la daba para que le sirviese, y quél
llevase consigo a su compañero Ayar Auca.

Y acabado de decir esto por el ídolo Ayar Oche, tornóse piedra ansí como estaba, con sus alas, y luego se descendió Mango
Capac y Ayar Auca a su ranchería; y descendidos que fueron,
vinieron donde el ídolo estaba muchos indios de un pueblo allí cercano, y como vieron el ídolo hecho piedra, que le habían visto
cuando el vuelo dio en lo alto, tiráronle una piedra y desta piedra
le quebraron al ídolo una ala; de donde, como ya le huebiesen quebrado una ala, no pudo volar ya más; y como le viesen hecho piedra, no le hicieron más enojo.

Y volviéndose estos indios que esto hicieron ansí a su pueblo, Mango Capac y su compañero Ayar Auca salieron de sus
rancherías, llevando consigo sus cuatro mujeres ya nombra-
das, y caminaron para el pueblo de el Cozco, donde estaba
Alcaviza. Y antes que llegasen al pueblo, dos tiros de arcabuz,
estaba poblado un pueblo pequeño en el cual pueblo hacía coca
y ají; y la mujer de Ayar Oche, el que se perdió en la cueva,
llamada Mama Guaco, dio a un indio de los deste pueblo de
acá un golpe con unos ayllos y matóle y abrióle de pronto y
sacóle los bofes y el corazón, y a vista de los demás del pueblo,
hinchó los bofes soplándolos; y visto por los indios del pueblo
aquel caso, tuvieron gran temor, e con el miedo que habían
tomado, luego en aquella hora se fueron huyendo al valle que
llaman el día de hoy Gualla, de donde han procedido los indios
que el día de hoy benefician la coca de Gualla. Y esto hecho,
pasaron adelante Mango Capac y su gente, y hablaron con
Alcaviza, diciéndole que el sol los inviaba a que poblasen con
él allí en aquel pueblo del Cozco; y el Alcaviza, como le viese
tan bien aderezado a él y a su compañía, y las alabardas de oro
que en las manos traían, y el demás servicio de oro, entendió
que era ansí y que eran hijos del sol y díjoles que poblasen
donde mejor les pareciese. Y el Mango Capac agradescióselo,
y paresciéndole bien el sitio y asiento do agora es en esta ciudad del Cuzco la casa y convento de Santo Domingo, que
antes solía ser la Casa del Sol, como adelante la historia dirá,

*hizo allí el Mango Capac y su compañero, y con el ayuda de las cuatro mujeres, una casa, sin consentir que gente de Alcaviza les ayudase, aunque los querían ayudar; en la cual casa se metieron ellos dos y sus cuatro mujeres. Y esto hecho, dende a cierto tiempo el Mango Capac y su compañero con sus cuatro mujeres, sembraron unas tierras de máiz, la cual semilla de máiz dicen haber sacado ellos de la cueva, a la cual cueva nombró este Señor Mango Capac, Pacarictambo, que dice, Casa de producimiento; porque, como ya habéis oído, dicen que salieron de aquella cueva. Su sementera hecha, holgábanse y regocijábanse Margo Capac y Alcaviza en buena amistad y en contentamiento.»*

El relato de Betanzos lo podemos resumir así: de un lugar llamado Pacaritambo salieron cuatro parejas de esposos-hermanos (en algunas versiones del mito son tres), éstos iniciaron una búsqueda de las tierras donde asentarse. Durante ese periplo, uno de los hermanos fue encerrado por los otros Ayar en una cueva porque tenían envidia de su fuerza extraordinaria ya que derribaba montes y arrojaba peñascos por las nubes. Otro de los cuatro hermanos Ayar fue convertido en piedra por una huaca enemiga y el tercero se constituyó en el cerro Guanacaure. Tan sólo uno de los hermanos consiguió llegar a lo que fue el Cuzco con las cuatro mujeres que también tienen un papel de suma importancia en este mito de origen, como veremos a continuación. De todos modos no podemos olvidar que el camino al Cuzco por los hermanos Ayar ha quedado lleno de una ritualidad que será patente en toda la historia incaica, por tener una presencia sagrada (por ejemplo, el cerro Guanacaure).

Esto mismo también lo podemos observar en el relato que nos aporta Sarmiento de Gamboa en la *Historia de los Incas*:

*«... seis leguas del valle del Cuzco, en un asiento que nombran Paccari-tampu, hubo cuatro hombres y cuatro hermanas*

*de feroces bríos y mal intencionados, aunque de altos pensamientos (...). Y juntáronse todos los ocho hermanos, cuatro hombres y cuatro mujeres, y trataron el modo que tendrían para tiranizar las otras gentes fuera del asiento donde ellos estaban, y propusieron de acometer tal hecho con violencia (...) y para ser tenidos y temidos fingieron ciertas fábulas de su nacimiento, diciendo que ellos eran hijos del Viracocha Pachayachachi, su creador, y que habían salido de unas ventanas para mandar a los demás. Y como eran feroces, hiciéronse creer, temer y tener por más que hombres y aun adorarse por dioses. Y así introdujeron la religión que quisieron».*

Al igual que en el texto anterior de Betanzos vemos que los hermanos Ayar salen de un lugar llamado Pacaritambo.

*«... los incas capacs procedieron de esta manera seis leguas del Cuzco al suroeste por el camino que los incas hicieron, está un asiento llamado Paccaritampu, que quiere decir «casa de producción», en el cual es un cerro llamado tampu-tocco, que significa «casa de ventanas». Y esto es cierto, en este cerro son tres ventanas, la una llamada Maras-tocco y la otra Sutic-tocco, y la que está en medio de estas dos se llama Capac-tocco, que quiere decir «ventana rica», porque dicen que estaba guarnecida de oro y otras riquezas. De la ventana Maras-tocco salieron sin generación de padres una nación de indios llamados Maras, y ahora hay de ellos en el Cuzco. De la ventana Sutic-tocco salieron unos indios llamados tampus, que poblaron a la redonda del mismo cerro, y en el Cuzco ahora hay de este linaje. De la ventana mayor, Capac-tocco, salieron cuatro hombres y cuatro mujeres, que se llamaron hermanos. A éstos no se les conoció padre ni madre más de los que dicen, que salieron y fueron producidos de la dicha ventana por mandato del Ticci Viracocha, y ellos mismo decían de sí que el Viracocha los había creado para ser señores. Y así tomaron por sobrenombre capac, que quiere decir «rico»; aunque después*

*usaron de este término para denotar con él al señor príncipe de muchos.»*

Los nombres de los ocho hermanos son éstos: el mayor de los hombres y de más autoridad se llamó Manco Capac, el segundo Ayar Auca, el tercero Ayar Cachi, el cuarto Ayar Uchu. De las mujeres la más anciana se llamó Mama Ocllo, la segunda Mama Huaco, la tercera Mama Ipacura, o, como otros dicen, Mama Cura, la cuarta Mama Raua.

(...)

*«Y apenas fueron allá, cuando Ayar Cachi, entró en la ventana o cueva Capac-tocco a sacar las cosas por que le habían enviado. Y siendo dentro, tampu-chacay, con suma presteza, puso una peña a la puerta de la ventana, y sentose encima, para que Ayar Cachi quedase dentro y muriese (...). Y por abrir puso tanta fuerza y dio tales voces, que hizo temblar el monte, mas no pudiendo abrir y teniendo por cierta su muerte, dijo a voces altas contra tampu-chacay: "tú, traidor, que tanto mal me has hecho, piensas llevar las nuevas de mortal carcelería! ¡Pues no te sucederá así, que por tu traición quedarás ahí fuera, hecho piedra!" Y así fue hecho, y hasta hoy la muestran a un lado de la ventana Capac-tocco».*

(...)

*«Era tan diestro este Ayar Cachi de la honda y tan fuerte que de cada pedrada derribaba un monte y hacía una quebrada. Y así dicen que las quebradas que ahora hay por las partes que anduvieran, las hizo Ayar Cachi a pedradas».*

(...)

«Partieron de este pueblo los siete incas con sus compañas y llegaron a un pueblo llamado Quirirmanta, al pie de un cerro que después llamaron Huanacauri».

(...)

«Y partieron de aquí, llegaron al cerro, que está dos leguas, poco más o menos, del asiento del Cuzco, y subidos a la cumbre, vieron en ella el arco iris de cielo, al cual los naturales llaman huanacauri (...). Antes que llegasen a lo alto, donde el arco estaba, vieron una huaca, que es oratorio de bulto de persona, junto al arco. Y determinando entre ellos ir a prenderla y quitarla de allí, ofrecióse a ello Ayar Uchu, porque decían que les convenía mucho. Llegado Ayar Uchu a la estatua o huaca, con grande ánimo se asentó sobre ella, preguntándole qué hacía allí. A las cuales palabras la huaca volvió sobre ella, preguntándole qué hacía allí. A las cuales palabras la huaca volvió la cabeza por quien le hablaba, mas como lo tenía oprimido con el peso, no le pudo ver. Ayar Uchu luego queriéndose desviar, no pudo, porque se halló pegadas las plantas de los pies a las espaldas de la huaca. Y los seis hermanos, entendiendo que estaba preso, acudieron a él para favorecerle. Mas Ayar Uchu, viéndose así transformarse, y que los hermanos no eran a librarle parte, les dijo: "¡Hermanos, mala obra habéis hecho, que por vosotros vine adonde quedaré para siempre apartado de vuestra compañía! ¡Id, id, hermanos felices, que yo os anuncio que seréis grandes señores! Por tanto, hermanos, yo os ruego que en pago de mi voluntad que de agradaros siempre tuve, que en todas vuestras fiestas y ceremonias os acordéis de honrarme y venerarme, y que sea yo el primero a quien ofrendéis, pues quedo aquí por vosotros, y cuando hiciereis huarachico, a mí como a su padre, que acá por todos queda, me adoreis". "Y Manco Capac respondió que así harían, pues aquella era su voluntad y se lo mandaba". *Y Ayar Uchu les prometió, por aquello, que les daría dones y valor de nobleza y caballería, y con estas últimas palabras quedó convertido en piedra. Y constituyéronlo por huaca de los incas y pusiéronle nombre Ayar Uchu Huanacauri. Y así siempre fue, hasta los tiempos de los españoles, la más solemne huaca y de más ofrendas de todas las del reino, y allí se iban armar caballeros los incas (...)».*

Naturalmente encontramos diferencias entre los relatos de los distintos cronistas, pero la base es la misma. Como he dicho en líneas anteriores el papel de las mujeres en el mito también es importante; una de ellas es la que incita al primer hermano a introducirse en la que será su tumba, otra (en algunos relatos, ella misma) asusta a un grupo nativo «hinchando los bofes» de una de sus víctimas, de manera que permite continuar hacia el Cuzco. También encontramos en las crónicas cómo una de las hermanas Ayar se del en esposa y madre de primer Inca (según nos dice Guamán Poma).

Esta historia de los hermanos Ayar nos muestra las circunstancias históricas de los incas, es decir, nos muestra la existencia de un curacazco más en la zona de los que competían por el valle del Cuzco. El desarrollo posterior del Tahuantinsuyo cambió notablemente gracias al crecimiento de una clase gobernante que exigió tributos, individualizó sus intereses y poseían un reconocida especialización. Es decir, pasamos de una federación de curacazgos a un estado integrado. Este paso lo podemos apreciar en las crónicas a través de la «guerra de los Chancas».

Los asentamientos, y por tanto también el del Cuzco estaban divididos en parcialidades: la de los Hurin y la de los Hanan. Esta concepción dualista y simétrica se impone en la ciudad imperial.

El Cuzco estuvo dividido en dos mitades, la Hanan y la Hurin, separadas por el camino del Antisuyo, y las parcialidades humanas que las formaban rivalizaron entre ellas por el poder. Las crónicas parecen revelar que la mitad Hanan agrupaba los descendientes de Manco Capac y la Hurin a los de Mama Ocllo.

Al igual que los incas del Cuzco, los chancas aglutinaron fuerzas en torno a su etnia. Estos debían haber salido de la laguna de Choclococa (al igual que los incas en sus orígenes salieron de Pacaritambo). Los cronistas hablan de ellos como guerreros en continua conquista.

Los chancas, como los incas del Cuzco, realizaron una expansión basada en el desarrollo de pactos, alianzas y amenazas. La expansión de las dos etnias hacía inevitable el conflicto entre ellas. Los Chancas ocuparon el territorio de los quechuas, que mantenían relaciones amistosas con los incas. La guerra entre incas y chancas es uno de los episodios más importantes del Tahuantin-suyo, ya que supone un cambio en la relación de los incas con el resto del territorio andino (política y socialmente).

El primer ataque chanca sobre el Cuzco debió ser en las primeras décadas del siglo XV y lo lideraban los jefes de las dos mitades que portaban, como protección sagrada, el cuerpo momificado de su héroe cultural Uscovilca.

La victoria de los incas cuzqueños no supuso un cambio en su política de pactos y alianzas con las otras etnias andinas ya que como creadores de un inmenso imperio andino como fue el inca, sabían que sin estos mecanismos no llegarían a dominar el Tahuantinsuyo. Siguieron una campaña conquistadora proyectándose fuera de su hábitat, primero se montaron sobre los poderes regionales dominados por los chancas y se expandieron hacia el área que hoy en día llega hasta el Titicaca. Desde este momento el avance inca sólo se detiene con la llegada de los españoles.

Para los incas la amenaza chanca se hace patente en el gobierno de Viracocha, quien no quiere combatir y se retira del Cuzco con su corte. Uno de sus hijos, que no estaba destinado a sucederle, Yupanqui, decide enfrentarse en desigualdad de condiciones a los invasores. Reúne a todos aquellos que le apoyan en esta contienda, pero no son suficientes para vencer a los chancas, mas los dioses intervienen y Yupanqui, que cambiará el nombre por Pachacutec o Pachacute, se convierte en un héroe que asumirá, tras el rechazo de su padre Viracocha, el gobierno de los incas tras recibir la borla imperial o *mascaipacha*.

Vemos a continuación el relato contado por Betanzos:

*«En que trata de cómo había muchos Señores en la redondez del Cuzco, que se titulaban reyes y Señores en las provincias donde estaban; e de cómo se levantó de entre estos un Señor Chanca que llamaron Uscovilca, e cómo hizo guerra él y sus capitanes a los demás Señores, e los sujetó, e cómo vino sobre el Cuzco, tiniendo noticia de Viracocha Inca, e de cómo Viracocha Inca le invió a dar obediencia, e después se salió Viracocha Inca a cierto peñol, llevando consigo todos los de la ciudad.*

*En el tiempo deste Viracocha Inca había más de doscientos Señores caciques de pueblos y provincias, cincuenta y sesenta leguas en la redondez desta ciudad del Cuzco, los cuales se intitulaban y nombraban en sus tierra y pueblos Capac Inca, que quiere decir Señores e reyes; y lo mismo hacía este Viracocha Inca, e intitulábase, como arriba diximos, Dios; de donde vieron los demás Señores ya dichos, que se intitulaba de más ser que ninguno dellos. Y como un Señor destos, de nación Chanca, que se decía Uscovilca, el cual era señor de mucha suma de gente e tenía seis capitanes muy valerosos (...); y este Uscovilca, como tuviese noticia que en el Cuzco residía Viracocha Inca y que se intitulase él Señor de toda la tierra, pareciéndole bien ver qué poder era el de Viracocha Inca, y para ver esto, estando este Uscovilca en el pueblo de Paucaray, que es tres leguas de Parcos, entró en consulta con los suyos qué orden debiesen tener para este hecho; y viendo que su poder era grande, acordaron en sus acuerdos que debían ir sus capitanes a descubrir por las partes de Condesuyo e provincias, e ansímismo por la parte de Andesuyo a lo mismo, y que él ansimismo, con dos capitanes de los suyos y con la gente que le quedase fuese por medio destas dos provincias derechamente a la ciudad del Cuzco y que desta manera sería Señor de toda la tierra, y que él de su mano sujetaría a Viracocha Inca. Y ansí, salió de su acuerdo; y desque hobo salido, dando que para un día señalado se juntase toda su* gente en aquel lugar e llano de Paucaray, donde él era natural; y ansí se juntaron todos los suyos el día que les fue mandado. Y siendo ansí juntos, mandó a sus capitanes que hiciesen tres partes toda aquella gente; y siendo ya apartados y hechas las tres partes, mandólos proveer de armas a todos, que fueron lanzas, alabardas y hachas, y porras, y hondas y ayllos y rodelas; de las cuales, siendo ya proveidos deste menester, mandóles proveer de muchos mantenimientos para su camino, como es carne seca, y maíz, y pescado seco y de las demás comidas, haciéndoles la gracia y merced de todo el despojo que en la guerra hobiesen de ganado, ropa y oro y plata a mujeres y otras piezas a anaconas que ansí en la guerra hobiesen. Y dando una parte destas gentes a los capitanes de los suyos, que se llamaron Malma y Irapa, a los cuales mandó que luego se partiesen, y que fuesen conquistando por la provincia de Condesuyo hasta donde gente no hallasen que conquistar pudiesen. Y ansí se fueron estos dos capitanes ya dichos, llevando la gente ya dicha; y al tiempo que se despidieron del Señor, diéronle grandes gracias y loores, ansí los capitales como la demás gente, por la merced que les fue hecha del despojo. Y ansí fueron conquistando estos dos capitanes Malma y Irapa por la provincia de Condesuyo, llevando gran poder de gente; y fue tanta la ventura destos dos capitanes, que ganaron e sujetaron yendo desde el pueblo de Paucaray por la provincia de Condesuyo, hasta llegar a las dichas cincuenta leguas más alla de los Charcas (...).

Y estando ansí quieto (Viracocha Inca) desta guerra que sobre él venía, llegaron a él dos mensajeros que le inviaba Uscovilca, por los cuales le inviaba a decir que le diese obediencia, como a Señor que era, donde no, que se aparejase, quél le iba a hacer guerra, e que pensaba dalle batalla e sujetalle; que le hacía saber quél quedaba en Vilcacunga, que es siete leguas de la ciudad del Cuzco, y que sería bien breve con él. Y como Viracocha Inca viese la tal embajada que el Uscovilca le invió, y que traía gran poder, y que todo lo que atrás dejaba a él quedaba sujeto, invióle a decir que le placía de le dar obidiencia, y que quería comer y beber con él. Y salidos que fueron estos mensajeros de la ciudad del Cuzco con esta embajada de Viracocha Inca, hizo juntar sus principales y entraron en su acuerdo para ver lo que debían hacer, porque fueron tan breves los mensajeros de Uscovilca, que no le dieron lugar a que con los suyos tomase parecer en lo que debía responder; y ansí, respondió lo que habéis oído; y después entró –aquí falta algo, como en su junta o congregración–; y estando en ella, consideraron que Uscovilca venía con gran poder de gente, y que venía soberbio y que, dándosele ansí tan fácilmente, que serían tenidos en poco, y acordaron, para con él mejor capitular las cosas que más les hacían a su conservación, –y aunque quedasen subjetos, no quedarían tanto cuanto si fácilmente se diese,– de se salir desta ciudad del Cuzco el Viracocha con toda la gente de la ciudad, y con los más de los comarcanos que seguirlos quisiese, irse a un peñor questá siete leguas desta ciudad del Cuzco, por cima de un pueblo que se dice Calca, el cual peñor y fuerte se llama Caca Xaqui Xahuana.

Viracocha Incà en esta sazón tenía siete hijos: tenía uno de ellos menor de todos, el cual se llamaba Inca Yupanqui, aunque era menor, era mancebo de gran presunción y hombre que tenía en muchos su persona; y pareciéndole mal que su padre Viracocha Inca hacía de desmamparar su pueblo y quererse dar a subjetación, así como ya se había ofrecido, parecióle que era mal caso y gran infamia para las gentes que desto tuviesen noticia; y viendo questaba acordado por su padre y los demás señores del Cuzco de se salir, prosupuso en sí de no salir él y juntar la gente que pudiese, y ya que Uscovilca viniese, él no darle tal obidiencia, sino morir antes que decir que vivía en subjeción; y que por ventura podría juntar tanta gente y su ventura ser tal que venciese al Uscovilca, y ansí se libertaría su pueblo.

Y prosuponiendo lo que ansí había pensado, fuese en busca de tres mancebos, hijos de señores y amigos suyos, e hijos de aquellos señores con quien su padre había entrado en consulta para se salir *y dar obidiencia al Chanca, —los nombres de los cuales mancebos eran el uno Vica Quirao, y el otro Apo Mayta, y el otro Quilescachi Urco Guaranga;— y juntándose Inca Yupanqui con estos tres mancebos señores, consultó con ellos lo que tenía pensado, y díjoles que antes se debía presuponer y holgar de recibirse la muerte, que no vivir en tal subjección e infamia, no habiendo sido nacidos subjetos. Y estando todos cuatro ansí juntos, los mancebos holgaron de que Inca Yupanqui les dijese aquello, e diéronle palabra de hacer lo que él hiciese; y siendo todos cuatro de una opinión y parescer, Viracocha Inca salía ya de la ciudad para su peñol llevando consigo la gente del Cuzco, y la más de los comarcanos que pudo llevar consigo. Inca Yupanqui y los tres señores mancebos ya dichos, quedáronse en la ciudad con cada sendos criados que quedarse quisieron con ellos, los cuales criados se llamaban Pata Yupanqui, Uxuta Urco Guaranga. Los cuales quedaron solos, que no quedó con ellos otra persona más destos criados suyos. Y visto por Viracocha Inca que su hijo Inca Yupanqui se quedaba con aquel propósito, rióse mucho y no hizo caso dél, porque llevó consego sus seis hijos, y con ellos el mayor y más querido suyo, que se llamaba Inca Urco, en quien pensaba dejar el lugar y nombre de su persona.»*

Nos damos cuenta al leer el relato de Betanzos, que la región estaba ocupada por distintos curacazgos que no dominaban la región, pero que mediante distintos pactos podían ampliar su marco de influencia necesaria para la obtención de recursos.

Proseguimos ahora con el relato de Betanzos atendiendo a la importancia de los dioses en esta historia y también, naturalmente, para la historia oficial de los Incas del Tahuantinsuyo. En primer lugar es Viracocha Inca el que habla con Viracocha Pachayachachi, quien tras un primer sueño (vía para hablar con el dios), decide cambiar su nombre tomando el de Viracocha Inca. Un segundo sueño se produce ante la amenaza chanca y su hijo Yupanqui le envía un mensajero para decirle a su padre:

«(...) *que mirase la deshonra que le venía y que el Cuzco nunca había sido subjeto desde Mango Capac lo había poblado; que le parescía, si a él le paresciese, que debía de defender su ciudad, y que no permitiese que dél se dijese semejante cosa que hobiese desamparado su pueblo, y después se diese y rindiese a sus enemigos; que se viniese a su ciudad, que él le prometía, como su hijo que era, de morir delante de su persona, si él ansi volviese, y defendella, por quél tenía presupuesto de morir antes que dél se dijese que se había dejado subjetar siendo señor y habiendo nacido libertado.»*

Mediante este segundo sueño Viracocha Inca justifica su «huída» del Cuzco y el no enfrentamiento contra Uscovilca, ya que es una decisión que ha tomado porque Viracocha Pachayachachi se lo ha transmitido así. Es una decisión que no se puede juzgar ya que no es de un hombre, sino de un dios:

«(...) *Y oído por Viracocha Inca lo que su hijo le inviaba a decir, ríose mucho de tal embajada y dijo: "Siendo yo hombre que comunico y hablo con Dios, y sabido por él he sido avisado que no soy parte para resistir a Uscovilca, y siendo ansí avisado me salí del Cuzco para mejor poder dar orden cómo Uscovilca no me haga deshonra y a los míos maltratamiento, y ese muchacho Inca Yupanqui quiere morir y presumir que yo he sido mal acordado. Volved y decidle que me río de su mocedad, y que se venga él y los suyos que consigo tiene, y si no lo quere hacer, que me pesa, porque mi hijo y quiera morir desa manera"».*

El problema de Yupanqui es que su padre, Viracocha Inca tampoco le quiso enviar hombres para luchar contra los chancas y al encontrarse solo recibió la negativa por parte del resto de caciques a los que envió la embajada en busca de ayuda:

«(...) Y oído por Inca Yupanqui, rescibió muy grande pena por verse solo, viendo la voluntad y ofrecimientos que los caciques le hacían, considerando en sí que tenían junto y pedían lo que era razón, quél tuviese alguna gente, con la cual la de los tales caciques y ayuda que les fuese hecha [se juntase]. Y estando en esta pena, dicen que sería ya hora del sol puesto y que ya oscurecía la noche, y como fuese anochecido, que dijo a sus compañeros y los demás sus criados, que se quedasen todos allí juntos como estaban, e que ninguno saliese con él; y ansí se salió del aposento solo sin llevar otro ninguno consigo.»

Viracocha Pachayachachi es una de las divinidades más importantes del panteón incaico, pero no sólo se le presentó en un sueño a Viracocha Inca, también a su hijo Pachacuti que tras una oración le implora ayuda:

«(...) se puso en oración al Hacedor de todas las cosas, que ellos llaman Viracocha Pachayachachi, y questando en su oración, que decía en esta manera: "Señor Dios que me hiciste e diste ser de hombre, socórreme en esta necesidad en que estoy; puesto eres mi Padre, y tú me formaste y diste ser y forma de hombre, no permitas que yo sea muerto por mis enemigos; dame favor contra ellos; no permitas que yo sea subjeto dellos; y pues tú me hiciste libre y sólo a ti subjeto, no permitas que yo sea subjeto destas gentes que ansí me quieren subjetar y meter en servidumbre; dame, Señor, poder para podellos resistir, y haz de mi a tu voluntad, pues soy tuyo." E cuando estas razones decía, las decía llorando de todo corazón. E que estando en su oración, se cayó dormido, siendo vencido del sueño; y questando en su sueño, vino a él el Viracocha en figura de hombre, y que le dijo: "Hijo, no tengas pena, que yo te enviaré, el día que a batalla estuvieres con tus enemigos, gentes con que los desbaratar y quedes victorioso."»

La noche antes de la batalla contra los chancas, otra vez Viracocha se le volvió a aparecer:

«(…) "Hijo, mañana te vernán los enemigos a dar batalla, y yo te socorreré con gente, para que los desbarates y quedes victorioso".»

Tal y como le dijo el dios Viracocha en el sueño, al día siguiente aparecieron gentes para ayudar a Pachacuti en la batalla contra Uscovilca el cual fue vencido y muerto:

«(…) "Vamos, solo rey, y venceremos a tus enemigos, que hoy en este día ternás contigo prisioneros." Y que ansí se fueron a la gente de Uscovilca que venía con todo hervor los cerros abajo, y encontrándose, trabaron su batalla y pelearon desde la mañana, que fue la hora que se juntaron, hasta medio día; y fue de tal suerte la batalla, que de la gente de Uscovilca murió muy mucha cantidad de gente, e ninguno fue tomado a mano que no muriese. En la cual batalla el Uscovilca fue preso y muerto; y como los suyos le viesen muerto y viesen la gran matanza que en ellos se hacía, no acordaron de aguardar más, y dando la vuelta por el camino por do había venido, huyeron hasta llegar al pueblo de Xaquixaguana, donde se tornaron a recoger y rehacer.»

Tras este triunfo se suceden unos acontecimientos desafortunados para Pachacuti, ya que su padre se niega a pisar los despojos de los chancas vencidos en batalla, para legitimar la victoria y al vencedor de tal hazaña. Viracocha Inca decide que sea Urco, el que sancione el acto (recordemos que éste era el elegido para sucederle, no Pachacuti), pero Pachacuti se niega a que su hermano, que no ha luchado en batalla, sea quien legitime su victoria. Pachacuti lo primero que hace es llevarle a su padre las insignias de los vencidos y los capitanes presos en señal de victoria, pero en vez de reconocerle el triunfo, lo que hace es envidiar y odiar a su propio hijo, tanto que decide tenderle una emboscada para matarle. A pesar de esta afrenta Pachacuti le sigue ofreciendo a su padre la vuelta al Cuzco con todos los honores, pero Viracocha Inca decide quedarse en el peñol donde se refugió donde pensaba hacer un pueblo con la gente que tenía y morir allí. Tras estos acontecimientos, Pachacuti sigue sin querer tomar la borla del Estado y ser el Inca, ya que su padre todavía está vivo y es el Señor.

Inca Yupanqui, tras agradecer a sus capitanes y a los señores su ayuda en la batalla, les mandó que fuesen a descansar a sus tierras. Éstos le pidieron que tomase la borla del Estado y que se proclamase Inca:

«(...) E al tiempo que dél se despedían los tales señores para se ir a sus tierras, le rogaron que los quisiese rescibir debajo de su amparo y quería tomase la borla del Estado y ser de Inca; todo lo cual les agradeció Inca Yupanqui y respondióles, que al presente era vivo su padre y Señor, y que no era justo que mientras su padre viviese, él tomase, la borla del Estado; que si al presente estaba allí, que era porquél era capitán de su padre».

Estos caciques fueron a ver a Viracocha Inca, tal y como se lo había pedido Pachacuti, y les dijo que a partir de ese momento, su hijo sería Señor del Cuzco ya que él había salido de la ciudad por causas que a ello le movieron (recordemos el sueño con Viracocha Pachayachachi):

«(...) levantóse en pie Viracocha Inca, considerando, que pues su hijo le inviaba aquellos señores y ellos tanto le amaban y le querían por Señor, que era justo que él ansimismo en ello les animase, les hizo cierta oración, por la cual él de su parte les agradecía lo que por él y por su hijo habían hecho, y que ya sabían y habían oído decir que él hasta allí había salido dél por causas que para ello le movieron; y que de allí adelante Inca Yupanqui, su hijo, había de ser Señor en la ciudad del Cuzco, y que a él obedeciesen y respetasen, como su tal Señor, y que él desde allí se desestía de la insignia y borla real y la ponía en la cabeza de su hijo Inca Yupanqui.»

Inca Yupanqui, tras esta victoria histórica y mítica sobre los chancas, decidió construir la Casa del Sol y el bulto del sol en honor a Viracocha, quien le ayudó a vencer y por ende, a convertirse en Señor. Como dice Betanzos, luego le llamarían Hijo del Sol por aquellas primera palabras que el dios le dijo a Yupanqui en el sueño, «Hijo, no tengas temor».

Tras este análisis de la victoria contra los chancas, podemos pararnos a analizar el papel de los sueños que tanto padre como hijo tuvieron del dios Viracocha. La relación con el padre fue primero de adoptar su nombre y después de no resistir la invasión de Uscovilca y sus hombres. Pero es este mismo dios quien llama a su hijo Yupanqui, y que luego ocupará su puesto sin que fuese predestinado a ello, ya que era su hermano Urco el sucesor. La consecuencia final es que el Inca Viracocha debe ceder su puesto al joven Yupanqui y para que esto suceda así tiene que intervenir esta figura sobrenatural, la del dios Viracocha Pachayachachi que le anticipa su futuro glorioso y el del Tahuantinsuyu.

# CAPÍTULO III

## POLÍTICA INCAICA

Las descripciones que encontramos sobre el gobierno incaico tras la conquista española, suelen tener un factor común, sean o no detractores del Imperio. Ese factor es el perfecto engranaje de la máquina estatal. Su éxito residía, sin duda, en una administración milimétricamente ordenada. El Inca presidía una enorme burocracia que en su mayor parte estaba compuesta por las propias elites locales que previamente habían reclutado y adoctrinado para el servicio al Estado. Según los andinos, una de las claves más importantes fue realizar la misma política en todo el territorio, convirtiendo un vasto y diverso espacio en una sociedad homogénea.

El buen funcionamiento del Imperio requería de la supervisión, por parte de los funcionarios estatales, de todo cuanto hacían los campesinos, desde el momento que nacían hasta que morían. De este modo tenían un control absoluto y una magnífica facilidad para el cobro de impuestos, vital para las necesidades económicas y militares del Estado. La presencia permanente de los funcionarios públicos en las distintas comunidades andinas facilitó la adopción por parte de éstas de algunas costumbres incaicas en su vida diaria, aunque físicamente estuvieran a cientos de kilómetros del Cuzco imperial. En cuanto a la religión, las ideologías locales se vieron eclipsadas por una ideología estatal que situaba al soberano en la categoría de un dios en la tierra.

Debemos poner en duda esta idea de estado homogéneo y uniforme del Imperio inca, ya que los españoles en sus relatos, aunque preguntaran también a pequeños señores locales sobre las condiciones de vida antes y durante el dominio inca, es cierto que dieron más credibilidad a las opiniones de los aristócratas incas que sin lugar a dudas tenían mucho de propaganda. Sin ir más lejos, el tratado de Garcilaso ha estado vigente hasta el siglo XX, y es muy benévolo con sus antepasados y la sociedad uniforme que formaron, pero recordemos que él era descendiente de este linaje incaico y por ello no es muy fiable su relato.

Es cierto que muchas sociedades se transformaron durante el dominio incaico, pero otras se mantuvieron prácticamente iguales a la época anterior. Estas últimas cumplían con los deberes hacia el Estado pero su vida cotidiana transcurría entre la familia y la comunidad, y rara vez vieron o advirtieron la presencia de un verdadero inca. Aunque los incas intentaran aplicar políticas de unificación en todo el territorio, por su propia extensión era muy difícil y normalmente eran ellos los que tenían que adaptar sus métodos a las realidades de las distintas comunidades alejadas de la capital imperial. Las tradiciones orales nos cuentan cómo Pachakuti había sido el artífice del gobierno incaico, del orden social, político y ceremonial que conllevaba. Naturalmente a estos relatos no les falta dosis de propaganda por parte de sus descendientes, una exageración. Nos sorprende también cómo los incas modificaban cuando les interesaba la jerarquía gobernante y la historia para defender su legitimidad. Para los historiadores es difícil discernir entre el mito y la realidad, por no tener un sistema de escritura y utilizar su pasado como herramienta política.

Los incas consideraban su sociedad, su historia y su tierra como un conjunto unificado, y de la misma manera su

*Funcionario inca portador de un kipu.*

Imperio. Dividían el mundo y sus gentes en cuatro partes o *suyus*, cuyo centro neurálgico era el Cuzco, de hecho el nombre de su dominio era Tawantinsuyu o «Las Cuatro Partes Unidas». Cada una de estas partes estaba dirigida por un gran señor o *apu*, que informaba al emperador en el Cuzco y dirigía su partición. Las distintas partes se llamaban Chinchaysuyu, Antisuyu, Kollasuyu y Cuntisuyu.

Chinchaysuyu, tomaba nombre de la etnia chincha de la costa subcentral de Perú y comprendía la costa peruana, las tierras altas más próximas y el norte de los Andes.

Antisuyu, debe su nombre a los templados bosques de la montaña y se encontraba al norte y al noroeste del Cuzco.

Kollasuyu, nombrado así por los pueblos que habitaban en la banda norte del lago Titicaca, los kolla, comprendía desde las tierras altas meridionales de Perú siguiendo por el altiplano hasta alcanzar Chile central y la zona más próxima de Argentina; era la parte más extensa del Imperio.

Cuntisuyu, cuyo nombre corresponde a una provincia de la misma región, abarca la banda estrecha de tierra que lleva desde el sudoeste de Cuzco hasta el Pacífico, es la de menor extensión. A su vez el Cuzco se dividía en dos partes, la Hurin (bajo) y la Hanan (alto); la parte Hanan incluía el Chinchaysuyu y el Antisuyu, mientras que la Hurin el Kollasuyu y el Cuntisuyu.

Como hemos visto por las dimensiones de los cuatro suyus, no eran partes simétricas y tampoco su separación correspondía con las direcciones señaladas por los puntos cardinales, aunque los incas poseían conocimientos para ello. Los suyus abarcaban fracciones del Imperio diferentes en su conjunto.

## La organización política del Cuzco

La jerarquía del Estado incaico fusionó a la perfección el linaje inca y el culto a los antepasados con la defensa de la etnia y una rígida estructura de clases, no sólo era un gobierno basado en una monarquía en la que el poder se heredaba de padres a hijos.

Debemos recordar la convivencia que en el mundo se daba entre los muertos, los vivos, los dioses y los espíritus, para comprender el hecho de que las momias de los reyes y reinas fallecidos, como los oráculos, participasen en los asuntos de Estado mediante los cultos que les dirigían sus descendientes. Esto causó gran impacto a los españoles, que no perdieron la oportunidad de ver en esta costumbre la mano maligna del demonio.

En esta sociedad estratificada, la cima del poder la ocupaban el emperador y su familia; por debajo de ellos estaban los ayllu incaicos aristocráticos y los nobles incas honorarios. A la llegada de los españoles existían diez clanes reales de los aristócratas de mayor rango, llamados *panaqa*. Los panaqa se creaban, en teoría, en cada sucesión real; el hijo con más valía se convertía en nuevo soberano y el resto de los descendientes pasaban a custodiar las propiedades del difunto. Los deberes de un panaqa incluían la veneración del antepasado y el cuidado de sus bienes mediante cultos a la momia. Tras los panaqa había diez clanes de nobleza inca que poseían un grado de parentesco lejano con la realeza. La última clase de elite cuzqueña era la de los incas de privilegio, formada por grupos étnicos que en su mitohistoria habitaban la región a la llegada de los incas fundadores.

El grupo de parentesco de la elite también estaba dividido en dos mitades, la Hanan y la Hurin Cuzco (alto y bajo). A la llegada de los españoles cada mitad incluía cinco clanes reales y otros cinco que no lo eran. En época prehispánica los panaqa del Alto Cuzco eran el grupo más poderoso y el que disfrutaba de mayores privilegios y beneficios de la expansión imperial. Sus miembros habitaban en la parte alta de la ciudad y tenían precedencia política y en las ceremonias. Dominaban las jerarquías civiles, militares y religiosas y sus haciendas eran mayores y más numerosas que las del Bajo Cuzco. Las crónicas nos cuentan la rivalidad existente entre las dos mitades que culminaría con la erradicación del Qhapaq Ayllu en el momento de la llegada de los españoles.

*El soberano, el Sapa Inca.* Para los incas el soberano era absoluto además de un ser divino que por mandato celestial debía gobernar el mundo. En la práctica, como en otros imperios absolutistas, el monarca debía lidiar con la aristocracia cuzqueña para conseguir y mantener el trono, de hecho los relatos épicos explican cómo los familiares de estos monarcas los habían colocado en el trono, los habían depuesto e incluso asesinado, por tanto, en la práctica ese ideal de omnipotencia del Inca era más bien una negociación continua con la aristocracia.

El soberano reunía en su persona el poder político, militar, social y sagrado, de modo que desde el comienzo de su vida tenía que demostrar su valor y bravura como guerrero para conseguir el apoyo de los principales linajes del Cuzco. Una vez entronizado por el Sol debía gobernar la tierra y en ese momento ya era considerado como un dios; a su muerte los descendientes debían mantener su momia con la misma vitalidad que había tenido en vida, asistiendo a ceremonias con los vivos y con los muertos.

En el momento de ser entronizado se le asignaba un nuevo título personal que sustituía al nombre que poseía, éste informaba de su linaje y de su poder. También en ese mismo momento según Betanzos se desposaba con la esposa principal y así el trono era ocupado por una nueva pareja real. Parecer ser que Thupa Inka Yupanki instituyó la práctica de casarse con su hermana carnal.

El protocolo era fundamental en la vida del Inca. Debido a su rango todas las actividades realizadas debían ir acompañadas de ritual y pompa. Por ley, cualquier persona que se aproximara a él debería descalzarse y llevar algún fardo, en ocasiones hablaba a través de un intermediario, sobre todo en asuntos de Estado. Todo esto le hacía parecer un ser divino y naturalmente superior al resto; los españoles cuentan, absolutamente impresionados, de las augustas maneras de Atahualpa incluso cuando se encontraba en cautiverio. El emperador viajaba transportado en una elegante litera que portaban los rucanas (seleccionados para este fin por su paso regular), ataviado con finos vestidos que tejían las mamakuna.

Podemos imaginarnos el boato que caracterizaba la entronización del nuevo emperador. Cobo nos cuenta cómo los señores principales acudían a las ceremonias desde remotos lugares del Imperio, una vez que se había guardado el duelo lógico por el soberano fallecido. Describe cómo los participantes se reunían en la plaza central del Cuzco llamada Awkaypata, junto con las estatuas del Sol, de los dioses principales y de las *wakas* más importantes; se sacrificaban en el evento niños, camélidos, conchas marinas y estatuas de oro y plata. Las mejores ofrendas se destinaban al dios creador Wiracocha ya que éste era el encargado de garantizar la salud del nuevo emperador, así como sus victorias sobre los enemigos. Tras las plegarias realizadas, los sacerdotes de Wiracocha estrangulaban a los niños y enterraban los objetos de oro y plata en una colina llamada Chuquikancha, el resto de las ofrendas se quemaban.

Naturalmente la muerte del soberano también estaba caracterizada por la sucesión de majestuosas ceremonias. Betanzos narra cómo Pachakuti planificó su ritual funerario y cómo dispuso sus restos tras su muerte. Ordenó que el Cuzco estuviera de duelo durante un año completo, tras este tiempo se deberían realizar una serie de ceremonias que durasen un mes para asegurar su paso a la eternidad en compañía de los dioses. Comenzarían visitando las tierras en las que el Inca había sembrado o recolectado, portando sus trajes, armas y demás enseres personales. Posteriormente se realizaría una ceremonia en la plaza principal del Cuzco, en la que se simularía una batalla protagonizada por los guerreros del Alto y

Bajo Cuzco, que ganaría naturalmente el Alto y se resumirían así las acciones de la vida del soberano.

Pachakuti también ordenó que un millar de muchachos y muchachas se enterrasen por él en sus lugares predilectos. Con él se enterrarían la vajilla de oro y plata y se quemarían los ganados y almacenes. El objetivo de estos sacrificios es sin duda asegurar el abastecimiento del soberano en la otra vida. Los que quedaban vivos debían conservar sus restos momificados y conservarlos en Patallacta. Su ídolo de oro se colocaba sobre su tumba para que el pueblo le rindiera culto y su momia o *mallki* se utilizaba en ceremonias públicas de manera que seguía participando en la vida social y política del Imperio. Estas momias tenían necesidades y comunicaban su sabiduría mediante un médium masculino y otro femenino, todas ellas se disponían según su rango en hilera en la plaza mayor donde se les ofrecían sacrificios y chicha, también se visitaban unas a otras, en fin, un ejemplo de vitalidad tras la muerte.

*El Sumo Sacerdote o Willaq Umu.* Seguramente era el segundo personaje en importancia del Imperio ya que según los cronistas era el encargado de confirmar en el cargo al nuevo emperador. Es posible que Pachakuti creara este cargo, pero Wayna Qhapaq decidió asumirlo él mismo seguramente para asegurarse así el nombramiento de su sucesor.

*Los «grupos políticos».* Como ya hemos dicho anteriormente el monarca era absoluto, pero en la práctica las *panaqa* formaban una fuerza política con la que sin duda tenía que entenderse, más si tenemos en cuenta que ésta le proporcionaba los funcionarios que se encargaban de aplicar la política estatal además de influir en la selección de los sucesores reales. No cabe duda que el mayor objetivo de estos linajes reales era conseguir el poder.

Antes hemos mencionado que a la llegada de los españoles la elite cuzqueña estaba formada por diez *panaqas* reales y diez *ayllu* no reales, pero no conocemos el funcionamiento que existía entre ellas. La opinión más aceptada en la actualidad es que se añadía un nuevo *panaqa* con cada generación real, pero no estamos seguros ya que tradicionalmente se cree que estas diez ya existían en el período preimperial. Otra versión es que Pachacuti organizó los grupos de parentesco del Cuzco en un sistema dual, los del Bajo y el Alto Cuzco. De todos modos parece ser que se añadían o eliminaban grupos de parentesco según aumentaban las generaciones de los incas y se organizaban dependiendo de la coyuntura.

*El poder de la reina y las alianzas reales.* La esposa principal del inca o qoya era un personaje poderoso en la vida real y cotidiana del Imperio. Debía poseer sangre real para poder desposarse con el soberano a cuyo matrimonio aportaba, aparte de consejo, estatus y riqueza, lo que es más importante todavía, otorgaba al descendiente legitimidad para la sucesión al trono. La *qoya* tomaba sus propias decisiones, ejemplo de esto es que podía impedir el matrimonio de su hija con el rey e incluso declinar una proposición de matrimonio a ella misma.

Los matrimonios reales incas en la época preimperial se caracterizaban sobre todo por la unidad que suponía con otros grupos étnicos; en época imperial también el rey seguía casándose de este modo pero estas mujeres poseían el estatus de segundas esposas, naturalmente movido por intenciones políticas. El número de esposas de un Inca era muy elevado, y había varias categorías, aunque la más importante era la principal. Wayna Qhapac en su viaje al norte a la zona de Ecuador, llevó consigo unas dos mil esposas y dejó otras cuatro mil en el Cuzco.

El papel de la mujer era fundamental en la elección de la sucesión real, ya que era el mejor medio para promocionar al sucesor, sobre todo teniendo en cuenta que era de vital importancia el linaje materno del candidato al trono imperial. Las mujeres actuaban como nexo de unión entre sus maridos y su grupo familiar, papel importante en la vida política que seguían ejerciendo después de muertas. Un ejemplo de esto es que Wayna Qhapac, durante sus campañas ecuatorianas, recriminó a la nobleza militar que le hubiera puesto en una situación difícil y les negó los dones que habían merecido, éstos decidieron marcharse a casa en contra de la voluntad del soberano, pero él les instó a que permanecieran a su lado utilizando la imagen de su madre.

Los soberanos incas siempre han intentado concentrar el poder frente a la creciente y peligrosa aristocracia del Cuzco y para ello las prácticas matrimoniales han sido de vital importancia. Una de esas prácticas fue designar una esposa principal, cuya descendencia masculina constituiría un grupo de herederos legítimos (se cree que esta práctica la instituyó una de las reformas de Pachakuti); la segunda de estas prácticas fue el matrimonio con la hermana carnal del soberano, que quedaba legitimada por la pareja mítica de los ancestros gemelos fundadores (es posible que fuera Thupa Inka Yupanki el primero en contraer matrimonio con su hermana carnal).

Uno de los matrimonios más curiosos que conocemos en la historia incaica fue el ocurrido durante la ascensión al trono de Waskhar quien para conseguir la legitimidad genealógica plena, hizo desposar a su madre con la momia de su padre (según el cronista Pachakuti Yanqui), como ya hemos comentado con anterioridad la momia era un ser animado que participaba de la vida política del Cuzco y que se expresaba mediante médiums vivos. Con estos datos podemos señalar la importancia que asumían tanto los reyes como las reinas (fallecidos o no) en la elección de esposa para los miembros de sus grupos de parentesco.

Podemos deducir tras estas líneas la verdadera importancia que de hecho poseían las mujeres en la política real, pero este poder no fue siempre para bien. Conocemos el desgraciado destino de alguna de estas mujeres. Tras el golpe de Estado que elevó al poder a Wayna Qhapaq, la madre y otra pariente del heredero destituido fue la muerte tras su ejecución por haberle defendido en su causa, suerte que no corrió el derrocado que seguramente sólo fue desterrado. También sabemos que durante el reinado de Waskhar se fraguó un golpe de Estado cuyo fin se materializaba con la muerte de su madre y según algunos cronistas, una vez que éste se vio derrotado tras la guerra con Atahualpa, las únicas personas que estuvieron custodiadas fueron el soberano, su madre y su esposa, mientras que el resto del bando vencido fue perdonado por decreto.

Todo esto sugiere que el papel que desempeñaba la mujer de la familia real no era sólo el matrimonio principal con el soberano y la consiguiente procreación para asegurar la descendencia legítima o para crear una alianza política, sino que desempeñaban papeles complementarios. La *qoya* poseía capacidad plena de decisión en ciertos asuntos y disponía de amplios recursos personales que podía legar a su gusto.

*El sistema político incaico* evolucionó con el tiempo y las crónicas son nuestra fuente fundamental para comprender la estructura de gobierno. Lo que hemos visto hasta ahora nos hace suponer la importancia de los matrimonios y las sucesiones reales, que seguramente fuesen los momentos clave políticamente hablando; aunque algunos soberanos intentaron imponer reformas ideológicas para reforzar su posición. Llaman la atención las luchas producidas en las sucesiones reales, seguramente producidas porque tradicionalmente las reglas sucesorias entronizaban a los descendientes más enérgicos, sin tener en cuenta los derechos de primogenitura (característicos en los reinos europeos), también hay casos de hermanos «enérgicos» de la misma generación que ocuparon el cargo sucesivamente. La pauta habitual era el enfrentamiento por el trono entre distintas facciones mediante la intriga política, los golpes de Estado y los asesinatos, en ocasiones también la guerra.

La última sucesión de la época prehispánica fue la del traspaso de poderes a los hijos de Wayna Qhapaq que desembocó en la más conocida guerra dinástica entre Waskhar y Atahualpa. Esta sucesión hizo surgir las rivalidades latentes entre la panaqa de Pachakuti (Hatun Ayllu) y la de Thupa Inka Yupanki (Qhapaq Ayllu). Por vía materna Atahualpa estaba identificado en el Hatun Ayllu y Waskhar con el Qhapaq Ayllu. Según las crónicas el reinado de Waskhar fue desastroso, rompiendo el protocolo real y abusando de la aristocratización, poniendo en peligro todo el sistema de privilegios de la aristocracia, incluso tomó la decisión de divorciarse del Alto Cuzco y declarar su nueva afiliación con el Bajo Cuzco, con quienes empezó a construir una ciudad nueva en Calca.

Tras la toma de poder de Atahualpa, su comandante Kusi Yupanki supervisó la matanza del linaje de Waskhar y tomó represalias contra el Bajo Cuzco, dando muerte a los miembros del Qhapaq Ayllu. El hecho más significativo fue quizá el de la quema de la momia de Thupa Inka Yupanki por parte del Hatun ayllu.

Aunque los relatos de estas turbulentas crisis sucesorias no sean totalmente fiables, sí nos hacemos a la idea que las sucesiones traían consigo conjuras, asesinatos, golpes de Estado y demás actuaciones.

## Militarismo

Para crear un imperio de dimensiones gigantes como las del Tawantinsuyu se necesitaba un factor clave, la guerra, pero también muchas dosis de diplomacia, recompensa y enculturación. Las victorias dotaban al Cuzco de numerosos recursos que proporcionaban gloria al soberano y a las elites. En muchas ocasiones los incas negociaron su dominio con numerosas sociedades, pero en otras ocasiones la resistencia al domino incaico conllevaba derramamientos de sangre que duraban años. Las campañas incas requerían de la movilización de miles de soldados y de personal auxiliar desplazado que podía durar décadas. Para alcanzar la victoria los incas crearon una red de guarniciones internas, fortificaciones fronterizas y un sistema de caminos con estructuras de apoyo y depósitos, exigiendo esfuerzos enormes tanto a nivel humano como natural por todo el territorio andino.

La importancia bélica inca ha sido resaltada por muchos cronistas pero sabemos que crearon numerosos lazos mediante intercambios ceremoniales y seguramente las historias bélicas fueron repetidas una y otra vez. Tampoco es cuestión de quitarle importancia a sus victorias bélicas, sabemos que el poder y la imagen de los incas dependían en gran parte de su capacidad militar. Tal es así que los nombres de las fortificaciones tomadas en campañas militares quedaron registrados y recordados en los *khipus*. También, como ya hemos visto, tras el fallecimiento de un inca, se celebraba su vida mediante la peregrinación a aquellos lugares donde había conseguido grandes victorias, y quienes no las habían conseguido no eran honrados de la misma manera ni con la misma pompa.

Los incas debieron gran parte de sus éxitos a la estrategia y a la logística, más que a la táctica, al entrenamiento o a la tecnología. En 1532 el ejército incaico estaba formado fundamentalmente por unidades modulares de reclutas que llevaban sus propias armas, dirigidas por sus propios señores, entendiendo la guerra como un impuesto en trabajo para el Estado. Si sumamos este método de reclutamiento, con la consecuente barrera del idioma, a la complejidad del transporte, las limitaciones del ejército incaico eran más que evidentes.

En cuanto a la estrategia militar, es probable que en el Período Intermedio Tardío los conflictos fueran muy comunes ya que los asentamientos están localizados en las cumbres elevadas en la mayoría de las tierras altas. Seguramente las guerras llevadas a cabo por los incas no serían diferentes del resto, eran los *zinch'i* (señores de la guerra) los que movilizaban a sus grupos de parentesco para conseguir botín y prestigio, lo que traía consigo robar cosechas, riquezas y las mujeres de los vencidos.

Cuando los incas se expandieron más allá del Cuzco, no formaban el grupo más poblado ni el más desarrollado de los Andes, seguramente los qolla, los lupaqa y el Estado costero de Chimú les superaran en muchos aspectos. Por este motivo los incas debían economizar el uso de su fuerza. Los éxitos del principio del período imperial se debieron probablemente a una estupenda política de alianzas, al reclutamiento de enemigos derrotados y a la confrontación con algunas sociedades que eran un objetivo necesario mediante una fuerza superior. Muy importante también en la formación del imperio fue el paso del saqueo de las comunidades a la anexión, muchos cronistas atribuyen este cambio a Wiraqocha y a Pachacuti, mientras que otros lo sitúan varias generaciones anteriores.

Los incas movilizaban un ejército tras el descanso anual de las labores agrícolas y enviaban a mensajeros que comunicaban el ofrecimiento de una rendición en términos favorables; la elite recibía regalos y podía aumentar su estatus. Por otra parte permitían a las comunidades mantener muchos de sus recursos. El pueblo debería jurar lealtad al Sapa Inca y satisfacer el homenaje al Sol.

La dinámica era ser generoso con los que capitulaban y castigar a los que se resistían. En ocasiones, muchos grupos étnicos sucumbieron a los incas por la percepción que tenían de ellos, más que por su fuerza real. No en todos los casos la diplomacia servía y se realizaban acciones ejemplares con algunos fieros enemigos, como los guarco de la costera Cañete o los cayambe de Ecuador, donde llevaron a cabo auténticas matanzas.

Tras un primer momento de expansión, los incas tuvieron que variar su política militar y afianzar los territorios que constituían sus nuevos dominios. Para ello instalaron guarniciones, reasentaron a grupos díscolos y fortificaron los puntos fronterizos más peligrosos, pero las políticas llevadas a cabo en los distintos puntos diferían atendiendo a las distintas necesidades coyunturales. Las fortificaciones autónomas y las fuerzas móviles eran un factor esencial en el militarismo; los fuertes, que impedían el paso al interior del territorio, y la existencia de grupos especializados militarmente y de confianza, fueron necesarios para mantener la estabilidad de zonas que tendían a la insurrección continua, como los grupos del lago Titicaca y los chachapoyas, donde los incas tuvieron que enviar colonos leales que controlasen a los súbditos. Aunque los problemas fronterizos eran importantes, lo que amenazaba la estabilidad del Estado eran las insurrecciones dadas en los distintos momentos de la sucesión dinástica.

Las fortificaciones se hallan concentradas sobre todo al norte de Ecuador y a lo largo del perímetro del Killasuyu, en Bolivia, Argentina y Chile. Estas fortalezas permanentes seguramente fueron diseñadas para detener correrías o para aislarlas de los apoyos de la retaguardia, más que para evitar las incursiones de fuerzas en contra del Imperio. Su ubicación atiende al control del tráfico a través de puntos naturales de tránsito, sobre todo los pasos de montaña y en algunos casos estos fuertes fueron únicamente estructuras temporales.

Las fortalezas permanentes no eran estructuras muy elaboradas pero estaban suficientemente bien construidas como para hacer frente al tipo de ataques que podían llevar a cabo los ejércitos andinos, cuyo material ofensivo estaba formado por flechas, azagayas y piedras lanzadas con hondas, y la manera en que se intentaban tomar estas fortalezas era el ataque frontal con tropas de choque. Solían ser recintos amurallados con zonas abiertas y edificios dispersos, construidos sobre una colinas en la falda empinada de una montaña, es decir en zonas altas y de difícil acceso. Algunas contaban con murallas concéntricas, fosos y paredes de contención; detrás de los muros, los incas levantaban plataformas para depositar numerosas piedras para hondas. Las mayores fortificaciones ocupan como mucho unas diez hectáreas, lo que limita el número de personas que podían refugiarse en ellas.

*La organización militar.* El emperador era el comandante en jefe y ocasionalmente general de campo. Por debajo existía una jerarquía de oficiales que descendía hasta los líderes étnicos de las unidades de combate. Los oficiales de mayor graduación solían ser parientes del soberano, aunque en ocasiones las elites étnicas consiguieron un alto rango. Es curioso observar cómo los jefes militares en ejercicio ejecutados por los incas fueron los de mayor gloria y poder, y no los que habían fracasado en sus funciones, lo que nos hace pensar que cuanto más eficaz era un comandante, mayor era la amenaza que suponía.

El papel militar del soberano en un principio fue el de ostentar el mando en el campo de batalla para pasar a la planificación estratégica. Los candidatos al trono acompañaban las acciones militares representando a la corona, para aprender así la práctica de la guerra. El soberano iba de campaña por todo el Tawantinsuyo y en ocasiones se colocaba en medio de la batalla; algunas de ellas han sido registradas en las crónicas, como la del fracasado asalto de Wayna Qhapaq contra los caranqui. Aunque el rey no participase físicamente en la batalla, su presencia era importante como líder que acompaña a sus hombres, sobre todo en los territorios más complicados de los Andes, y dirigían las operaciones desde acuartelamientos situados a cierta distancia del campo de batalla.

Las campañas o los ejércitos tenían una organización dual, encabezados por dos o cuatro comandantes. En las campañas finales, las unidades militares estaban organizadas siguiendo una estructura decimal y formadas por grupos étnicos dirigidos por sus propios señores. La unidad más pequeña estaba formada por diez cabezas de familia (*hatun runa*) bajo el mando de un *chunka kamayuq*; la siguiente era de cien soldados y al mando un *pachaka kuraka*; mil soldados comandados por un *waranqa kuraka* y diez mil por un *hunu kuraka*. Cada una de estas divisiones contenía dos mitades, cada una con su propio líder.

El servicio militar, como ya hemos mencionado anteriormente, era considerado como un deber de trabajo: todos los varones casados y sanos cuya edad oscilara entre los veinticinco y los cincuenta años eran susceptibles de ser llamados a las campañas siguiendo una rotación. A estos hombres reclutados se les llamaba *awka kamayuq* y formaban la infantería del ejército; en algunas ocasiones iban acompañados de sus mujeres y parientes cercanos que se encargaban de sus necesidades personales. Los soldados más jóvenes, o *sayapayaq* hacían de porteadores o mensajeros.

Algunos cronistas nos dicen que estos chicos eran adiestrados para la guerra en sus propias comunidades para convertirse en buenos guerreros en el momento de ser llamados a filas. Es probable que capitanes y oficiales se desplazasen a las distintas provincias para adiestrarlos. En el Cuzco, como ya vimos, los combates rituales formaban parte de la ceremonia de iniciación de los jóvenes, que servían también para identificar a los mejores guerreros.

Para el pueblo llano, el servicio militar suponía una carga para la comunidad ya que la mayoría eran agricultores y la falta de los progenitores, que quedaban separados de sus hijos, suponía que el resto de los miembros debían trabajar las tierras.

La guardia personal del Inca estuvo formada por miles de orejones procedentes de la aristocracia del Cuzco que fueron adiestrados desde jóvenes como guerreros para formar un cuerpo de elite. Como ya sabemos, los parientes próximos eran una amenaza real para el soberano, por lo que los últimos incas incluyeron en la guardia real a guerreros de otras etnias.

También encontramos exenciones del servicio militar, normalmente porque tenían privilegios, tenían otras funciones a su cargo o porque directamente no se fiaban de ellos. La exclusión más amplia la encontramos en las sociedades de la costa de Perú, que significaba más de una tercera parte del Imperio, seguramente atendiendo a una política dirigida a contener la amenaza chimú. Los incas consideraban que no eran fiables y que estos pueblos de las tierras bajas no rendían en altura, pero por otra parte, los de las tierras altas tenían dificultades en las campañas costeras.

El ritual y la ideología estaban presentes en el militarismo incaico, de hecho los propios incas por mandato divino debían extender la región de Wiracocha al resto del territorio. Las campañas se preparaban con adivinaciones, ayunos, festejos y sacrificios. Cuando un soberano iba a la guerra se realizaba un ceremonia llamada *itu* en la que durante dos días los habitantes del Cuzco ayunaban y se abstenían de realizar prácticas sexuales, después se hacía abandonar la ciudad a los habitantes de otras provincias y a las mujeres que tenían animales, también se exponían en la plaza Awkaypata las imágenes de los dioses. Se sacrificaban llamas y en ocasiones niños, seguidos de una procesión de jóvenes menores de veinte años ataviados con túnicas rojas de tela de qompi, coronas de plumas y adornos de conchas, durante esta procesión se arrojaba coca por el suelo y tras esto tenía lugar una fiesta con libaciones. También se realizaban rituales adivinatorios para conocer el resultado de la contienda.

También las prácticas rituales tuvieron su sitio en las tácticas de la batalla. Las noches de luna nueva, en campaña, servían para llevar a cabo algunas ceremonias. Los incas llevaban a la guerra un conjunto de *wak'as* ya que eran elementos de gran poder por ser espíritus encarnados. Tomar los ídolos de los enemigos suponía apropiarse de sus poderes, estos ídolos los llevaban al Cuzco donde los súbditos tenían que trasladarse para rendirles culto.

Para poder acudir a las campañas fue necesaria la existencia de un sistema de caminos y de *tampus* que fueron diseñados en gran medida como apoyo a las operaciones militares. Algunos asentamientos como los de Huánuco y Pumpu contaban con *kallankas* o barracones, para albergar a una parte del ejército, pero normalmente acampaban en tiendas.

Además de esa red de caminos era necesaria la existencia de un sistema de aprovisionamiento, para lo que se creó una extensa red de almacenes que guardaban alimentos, armas, ropa y otros productos por todo el Imperio. Otro gran problema fue la dificultad del transporte, se utilizaban caravanas de camélidos y porteadores humanos, pero las dificultades de las primeras hicieron que fuesen los hombres los que realmente cargasen en su espalda los fardos.

Las tácticas de combate comenzaban con la obtención de información de lo que se encontraban frente a ellos, para ello espiaban las tierras y realizaban después maquetas del terreno con arcilla. La táctica más utilizada era la sorpresa, llevada a cabo mediante retiradas simuladas o maniobras de flanqueo, concentrando posteriormente la fuerza sobre los flancos más débiles y sobre la retaguardia enemiga.

Los soldados de cada etnia vestían trajes marciales distintivos de gran colorido, acompañados de numerosos adornos. Un arma importante era el intento de aterrorizar al enemigo y para ello fabricaban instrumentos con elementos de cadáveres de enemigos derrotados. Las armas más utilizadas en la batalla eran las flechas, las piedras arrojadas con hondas y las jabalinas que precedían el combate cuerpo a cuerpo para lo que se utilizaban mazas, porras y venablos. Posteriormente se empezó a utilizar el arco y la flecha debido a la admisión en el servicio militar de los guerreros procedentes de la selva. Los soldados solían vestir ropas acolchadas que les protegían de las armas andinas, a menudo los guerreros se protegían el pecho y la espalda con láminas de metal, y la cabeza con cascos de caña. En las ocasiones que el soberano iba a la batalla, se le transportaba en literas hasta el combate en el que utilizaba hondas o venablos.

Las victorias se celebraban con gran pompa en el Cuzco donde se representaban los triunfos. El Inca hollaba la cabeza del enemigo para mostrar su derrota en el Recinto de Oro o en la plaza principal donde los habitantes del Cuzco se agolpaban para verlo. A los enemigos peligrosos se les sacrificaba o se les arrojaba a un pozo lleno de serpientes y de los más recalcitrantes eran utilizados sus cráneos para hacer copas de beber. También se despellejaba a los señores derrotados y la piel del vientre era utilizada para la fabricación de tambores que se tocaban en la batalla o en ceremoniales en el Cuzco. El valor individual era recompensado de distinta manera, atendiendo al estatus: vestidos, mujeres prisioneras, armas, rebajos... para los ciudadanos de a pie; mientras que sinecuras administrativas, tierras, múltiples esposas y privilegios para la nobleza.

## Administración

La administración incaica consistía en una serie de funcionarios cuya misión era la de supervisar a la población local, elegida hereditariamente y reclutada al servicio del Estado. Los contribuyentes pertenecían a unidades de diez a diez mil familias organizadas piramidalmente y que se utilizaban de manera impositiva y para el reclutamiento militar. De esta manera los incas tenían controlada la población, pero para su total dominio realizaron censos, conservaron las relaciones e impusieron una lengua oficial, naturalmente esto necesitaba además de una infraestructura física y para ello construyeron una red de caminos, de centros provinciales y de estaciones de paso.

Las relaciones entre el Inca y los señores provinciales se basaban en la existencia de lazos personales, y la supervisión del pueblo dependía de intercambios rituales y de las fiestas organizadas o patrocinadas por el Estado.

El Imperio Inca contaba con al menos ochenta provincias distribuídas en cuatro partes. El Chinchaysuyu era la parte que más provincias abarcaba y el Cuntinsuyu la más pequeña. Los incas concebían cada provincia como una población determinada que se basaba en las sociedades nativas de la región. De esta manera, los colonos que se trasladaban de territorio aparecían en las listas del censo de sus lugares de origen. Cada provincia se dividía en dos o tres partes llamadas *saya*, seguramente esta partición se debía a divisiones también étnicas. Los incas tendían a crear unidades cuya composición correspondiera a múltiplos de cifras decimales, así cada saya ideal estaría constituida por diez mil cabezas de familia.

Las subdivisiones provinciales poseían terrenos delimitados por mojones, aunque algunas veces los funcionarios tenían que intervenir en disputas de tierras.

Al frente de cada provincia estaba un gobernador o *Ttokrikoq* quien dirigía los asuntos provinciales con la ayuda de las elites y los funcionarios. Uno de los más importantes era el *khipu kamayuq* (también llamado conservador de recuerdos). El gobernador pertenecía a la etnia inca aunque era elegido por sus capacidades para ejercer el importante cargo, ya que asumía elevadas responsabilidades y tenía gran autoridad. Sus actividades más importantes eran la supervisión del censo y la movilización de la mano de obra. Otros deberes eran asegurarse del buen estado de los caminos, los puentes y otras infraestructuras de apoyo; y juzgar también en casos relacionados con los intereses del Estado pudiendo dictar sentencias y condenas de pena de muerte.

Los incas crearon una administración decimal organizando grupos de cabezas de familia que formaban unidades de 10, 50, 100, 500, 1.000, 5.000 y 10.000 miembros. Cieza y Polo atribuyen este diseño a Thupa Inka Yupanki. Al frente de cada unidad estaba el *kuraka*, perteneciente a la elite local y que recibía el cargo en herencia. La norma general era mantener en el poder a los miembros de las familias de las elites locales, seleccionando a los hombres adultos más adecuados en momentos de transición. Lo común era elegir al hijo más hábil del señor principal, pero en ocasiones podía ser el hermano del último en el cargo hasta que pasaba al hijo más capaz. Este modelo de administración supuso la penetración profunda en las estructuras políticas existentes en las comunidades, pudiendo los incas gobernar sin interferir en exceso en la vida de éstas. Aunque debemos tener en cuenta que la estructura decimal no se pudo aplicar de la misma manera en todas las comunidades pertenecientes al Imperio.

Naturalmente los señores locales de un centenar de familias o más, recibían beneficios según su posición, como por ejemplo trabajarles sus tierras o cuidar de sus rebaños, también se le concedía a su familia un personal de servicio compuesto de un sirviente por cada centenar de familias que se encontraban bajo su supervisión. En algunos casos podían recibir esposas y haciendas para poder cumplir con el deber de hospitalidad. Encontramos casos de nombramientos de «inca por privilegio», título privado que se concedía por un servicio especialmente meritorio. Los señores provinciales de más alto rango tenían que hacer un viaje anual a Cuzco, donde residían durante meses a costa de las personas que dependían de ellos.

Un elemento de vital importancia para el buen funcionamiento de la administración incaica era el censo. En estos registros censales las personas de ambos sexos quedaban asignadas a una de las diez categorías que correspondían con su etapa de vida o con su capacidad de realizar trabajos útiles, no con su edad cronológica. El registro de hombres y mujeres se hacía por separado ya que su reclutamiento se hacía con diferentes objetivos. Garcilaso dice que los incas tenían *khipus* independientes para cada provincia, en el que uno de los cordones que colgaban registraba el número de personas pertenecientes a una determinada categoría, y en ocasiones el *khipu kamayuq* anudaba cordones suplementarios para indicar cuántos hombres y mujeres habían enviudado en cada grupo de edad. Los funcionarios encargados de esta labor debían informar anualmente en Cuzco.

Desde Cuzco también se nombraban inspectores encargados de controlar cualquier asunto de provincias, y estaban sometidos a un control central. La existencia de estos inspectores implica la no confianza por parte de los incas en los funcionarios provinciales para dirigir los asuntos de mayor beneficio para el Sapa Inca.

Los incas no crearon un aparato legal estructurado e independiente, sino que aplicaban sus costumbres a la sociedad en general e inventaban sobre la marcha nuevas medidas para proteger sus propios intereses, los de la aristocracia, los del Estado y los de su religión. Se permitía a las sociedades locales juzgar sus asuntos de disputas, pero bajo la supervisión estatal. También encontramos la existencia de funcionarios encargados de la «conducta consuetudinaria», como la vestimenta o las prendas para la cabeza, naturalmente el objetivo era el de identificar a los contribuyentes y controlar sus movimientos. Este estado fuertemente jerarquizado lo encontramos también en los enjuiciamientos, ya que una persona sólo podía ser juzgada por otra de rango superior.

Hombres y mujeres seguramente recibían distintos castigos por cometer el mismo delito, al igual que era diferente el castigo de un noble al de un campesino. Existían sanciones explícitas en delitos contra la propiedad y proscripciones contra la brujería y usos inadecuados de los poderes sobrenaturales. Los castigos de estos delitos se realizaban con gran publicidad para evitar que otros copiasen esa conducta.

Aunque es cierto que los derechos eran desiguales existe la creencia de una cierta «protección» de los ciudadanos, como por ejemplo el castigo a los funcionarios que abusaban de sus subordinados, o a los que no conseguían asegurar que el *tampu* estuviera bien pertrechado. Igualmente se le concedía una compensación a una persona a la que se le robaban sus bienes, pero no sabemos si estas «leyes» se obedecían realmente en todos los casos y en todo el territorio.

Moore dice que existen faltas que conllevan un castigo físico, como la lapidación, la tortura o la humillación pública en caso de la nobleza. Polo cree que la carencia de sanciones económicas es debida a lo rara que era la propiedad privada, reservada a la elite principal. Uno de los castigos más extraordinarios era el aplicado a una persona acusada de actos de traición al Sapa Inca: se le arrojaba a un pozo lleno de serpientes y otros animales salvajes. Aunque no conocemos el derecho incaico, uno de los principales cambios reside en la eliminación por parte del Estado del derecho que poseían las elites locales a resolver los pleitos sobre la propiedad y la vida de las personas. Este tipo de política implantada no acabó con los conflictos, sino que cambio las manos de los que resolvían a las del Estado. La principal carencia que tenemos en este tema es saber si leyes específicas eran de aplicación general a todo el reino.

## Las infraestructuras

Los incas se encargaban de los asuntos provinciales del Estado mediante una red de centros regionales y de instalaciones secundarias conectadas por un sistema de caminos. Cieza (1553-1984) escribe:

«Porque fue costumbre suya, cuando andaban por alguna parte deste gran reino, ir con gran majestad y servirse con gran aparato, a su usanza y costumbre; porque afirman que, si no era cuando convenía a su servicio, no andaban más de cuatro leguas cada día. Y para que hubiese recaudo suficiente para su gente, había en el término de cuatro a cuatro leguas aposentos y depósitos con grande abundancia de todas las cosas que en estas partes se podía haber; y aunque fuese despoblado y desierto, había de haber estos aposentos y depósitos».

Generalmente se habla de las instalaciones como *tampu*, pero este término se refiere a los alojamientos. Hyslop estima que había más de dos mil *tampu* en el Tahuantinsuyu.

Tras el hundimiento del Imperio Incaico se cree que la rápida caída de estos centros provinciales se debió a que eran una especie de urbanismo artificial. Opiniones como la de Morris aseguran que estaban emplazados en localidades sin una ocupación local significativa y carentes de una actividad independiente como la artesanal o comercial, ya que su ubicación refleja más una preocupación por los puntos estratégicos que daban apoyo a marchas de larga distancia, en ocasiones se construían a dos o tres días de camino del pueblo que administraban. Las estructuras de almacenaje y la ocupación temporal, señalan que se diseñaron para ofrecer apoyo a ejércitos en movimiento y a ocupantes a tiempo parcial. Ningún centro cuenta con un cementerio significativo, lo que implica esa temporalidad.

Los principales asentamientos provinciales eran sede de un gobernador provincial y administraban grandes poblaciones. Los principales centros se encontraban en el camino que seguía la cadena montañosa. Al norte de Cuzco estaban Vilcashuaman, Hatun Xauxa, Pumpu o Huánuco Pampa; al sur, Hatuncolla, Chicuito o Chuquiabo; siguiendo la costa, Inkawasi y Tambo Colorado.

Hyslop cree que existía una superposición de sistemas de asentamientos incaicos en las provincias. Uno estaba compuesto por centros administrativos y ceremoniales estatales;

otro por santuarios y otras instalaciones religiosas; otro por instalaciones para la producción y el almacenaje; otro por haciendas privadas y otro más por instalaciones militares. En algunos lugares coincidían varias de estas funciones, aunque no era la norma general. Seguramente los incas escogían entre unos principios para decidir el diseño y el carácter de cada instalación. De modo probable, uno de los decisivos sería la principal actividad del lugar, su topografía, la mano de obra y sus circunstancias culturales.

Los centros incaicos estaban diseñados conforme a una arquitectura del poder en la que los edificios y espacios estaban pensados para reforzar la imagen de poderío del imperio. No destinaron edificios a funciones estrictamente administrativas como otros Estados preindustriales. Muchos centros reflejan una preocupación por el ceremonial y el espacio sagrado, dando a esto prioridad. Al menos seis lugares fueron bautizados como Nuevo Cuzco, ya que fueron levantados siguiendo su imagen, más conceptual que real, fueron: Huánuco Pampa, Quito, Tumipampa, Hatunqolla, Charcas e Inkawasi. Los centros se levantaban alrededor de enormes plazas rectangulares o trapezoidales que albergaban funciones cívico-ceremoniales. Siempre se levantaba en el centro o en un lado una plataforma piramidal, como escenario en el que los funcionarios presidían las ceremonias estatales. El camino imperial solía atravesar la plaza siguiendo una dirección sudeste-noroeste, igual que en Cuzco.

Los sectores residencial y de trabajo rodeaban las áreas abiertas, encerradas normalmente entre muros. El elemento arquitectónico más común era el llamado *kancha* o complejo rectangular que contenía una o más estructuras de una sola habitación. El *kancha* solía albergar, en los complejos residenciales, residentes permanentes, mientras que los *tampu* contenían barrios para instalarse y trabajar determinados oficios. También había sectores especiales diseñados para albergar al Sapa Inca y a su comitiva cuando pasaban por ellos. Otro elemento característico, es el *kallanka* o edificio alargado rectangular, con un espacio interior sin tabique alguno y con uno de sus lados abierto a una plaza, que albergaba a grupos móviles como soldados y tenía un espacio para las festividades. Otro edificio que aparece fundamentalmente en el sur es una larga estructura dividida en una veintena de cubículos cuya función no está clara. Otras formas arquitectónicas importantes eran las estructuras religiosas como los templos del Sol y los sectores dedicados a las *aqllakuna*.

La estupenda sillería que encontramos en el Cuzco no la vemos en las provincias ya que los edificios construidos en ellas se realizaban con los materiales disponibles en cada zona, normalmente guijarros. El material utilizado en la costa habitualmente era el adobe. Esta característica es lógica si tenemos en cuenta que las instalaciones provinciales se levantaban y se mantenían con el trabajo de los residentes locales, por tanto, los materiales y el sistema de albañilería variaban dependiendo de la zona.

## La red de caminos

El camino real del Inca o *qhapaq ñan* era una maravilla de la ingeniería que unificaba el Imperio física y conceptualmente, formando más de cuarenta mil kilómetros. Para construirlo utilizaron herramientas de madera, piedra, de trenzado y de bronce, además de la ayuda de equipos de supervisión y de animales de tiro.

La red se basaba en dos caminos reales norte-sur, la vía oriental seguía un trazado elevado que llevaba de Quito a Mendoza (Argentina), también en el norte transitaba otra arteria vial que seguía la llanura costera. Los principales caminos estaban conectados con más de una veintena de rutas que atravesaban las montañas occidentales, otros cruzaban la cordillera oriental hasta las tierras bajas. Algunos itinerarios secundarios salvaban pasos de montaña de unos cinco mil metros de altura y por el este varios se adentraban en las selvas.

Para la construcción de esta red de caminos los incas utilizaron en muchas ocasiones los que se habían trazado muchos siglos antes, aunque esto no les quita ningún mérito. Muchos investigadores se han fijado en que los caminos de los Andes centrales eran mucho más ostentosos que lo que se necesitaba para transitar por ellos, ya que seguramente pretendían impresionar a viajeros y trabajadores a los que se reclamaba para servir en los centros o realizar alguna labor.

Los caminos facilitaban la rapidez de las comunicaciones, el movimiento de personas y el apoyo logístico. Los primeros usuarios fueron los soldados, porteadores y caravanas de llamas, también la nobleza y personas llamadas a ocupar cargos oficiales. Las gentes sólo podían utilizar los caminos con permisos y en algunos puntos se cobraba un peaje. Encontramos puestos de correos o *chaski* estacionados a intervalos de entre seis y nueve kilómetros. Garcilaso cree que los *chaski* llevaban *khipu* acompañando el mensaje oral, de lo que se supone que muchos registros de nudos podían leerse con facilidad. También es cierto que no se han podido encontrar puestos de descanso en los caminos o *chaskiwasi*, en tramos importantes y bien conservados de los caminos, lo que nos induce a pensar que estos correos no estaban en todo el territorio.

Encontramos diferencias entre los caminos, en cuanto a técnicas constructivas y apariencia. La mayoría poseen una anchura de entre uno y cuatro metros, con numerosos desagües y alcantarillas que canalizaban el agua, también construyeron contrafuertes donde era necesario o pasos para salvar terrenos pantanosos. Los caminos estaban aplanados y delimitados por muros, con mojones de piedra, postes de madera o caña, o pilas de rocas. Las principales vías

*Detalle del monolito tallado de Tiwanaco.*

*Montañas de sal del Salar de Uyuni (Bolivia).*

*Construcción inca de Tiwanaco.*

*Casa de adobe aymara.*

*Piezas para mesas aymaras.*

*Cactus del Salar de Uyuni (Bolivia).*

*Detalle de la Puerta del Sol de Tiwanaco.*

*Puerta del Sol de Tiwanaco.*

*Monolito tallado en Tiwanaco.*

*Puesto de santería en la calle Sagarnara (La Paz, Bolivia).*

estaban pavimentadas con guijarros o losas, aunque en la mayoría se utilizó la tierra, arena u otras superficies naturales. Los mejor pavimentados los encontramos en el altiplano y Ecuador, y siguiendo los caminos que unían ese tramo de vías y la costa. La perfección técnica de algunos caminos es tal, que se siguen utilizando hoy día. También construyeron puentes colgantes que levantaban con cables trenzados que sostenían suelos de madera, fibra y broza, incluso algunos contaban con paredes laterales, el más famoso es el que cruza el río Apurimac y salva una distancia de cuarenta y cinco metros. Otro medio impresionante para salvar los barrancos era la cesta colgada u *oroya*, que podía atravesar enormes distancias por encima de cincuenta metros.

## Reasentamientos

Los reasentamientos fue la forma política que más afectó el paisaje social andino. Según el cronista Cobo, los funcionarios debían elegir seis o siete mil familias de cada nueva provincia para ser trasladados a cualquier otro lugar del Imperio. Esto conllevó el traslado de comunidades enteras a miles de kilómetros de su lugar de origen; eran los llamados *mitmaqkuna*, que creaban enclaves de estos colonos. En ocasiones eran trasladados a tierras ecológicamente parecidas a las de procedencia para facilitarles la ubicación.

Una de las razones principales de este tipo de política de reasentamiento era la de dispersar a poblaciones que podían significar un peligro para la seguridad incaica, y por ello se destinaban numerosos colonos a las guarniciones interiores o fronterizas. Otra razón fundamental era conseguir concentrar en un mismo lugar especialistas cuyos productos estuvieran destinados al uso del Estado, así encontramos a artesanos, tejedores, ceramistas, campesinos, mineros, canteros... Es posible que Wayna Qhapaq extendiera esta política. Otro motivo pudo ser el interés de los incas por reclamar un mandato divino sobre los Andes.

Los colonos recibían apoyo estatal en forma de recursos y es muy posible que pudieran mantenerse con tierras que recibían una vez pasado un tiempo. De esta manera, seguramente los incas conseguirían un lealtad al Estado. Estos *mitmaqkuna* estaban obligados a vestir sus trajes regionales y debían hablar sus propias lenguas, incluso se les restringirían las relaciones con las gentes locales.

Estos reasentamientos formaban parte del programa de larga distancia, pero también encontramos numerosos reasentamientos de poblaciones ubicadas a grandes alturas a zonas más bajas, donde podían servir más al Estado. De este modo los incas consiguieron reducir la capacidad de sublevación de los súbditos, al tiempo que trabajadores que podían ser trasladados con mayor facilidad. Pero no sólo ganaban los incas, ya que para los locales, la pérdida de libertad estaba mitigada con la disponibilidad de tierras que anteriormente estaban fuera de sus límites. También los incas se valieron de la atracción que ejercía el poder, el ceremonial o las oportunidades sobre señores y campesinos, que veían las relaciones con el Estado como una forma de prosperidad.

## Economía Incaica

Cobo (1979) nos cuenta lo siguiente:

«En asentando el Inca un pueblo, o reduciéndolo a su obediencia, amojonaba sus términos, y dividía los campos y tierras de pan llevar de un distrito en tres partes, por esta forma: una parte aplicada a la religión y culto de sus falsos dioses; otra tomada para sí, y la tercera dejaba para la comunidad del dicho pueblo. No se ha podido averiguar si esas partes en cada pueblo y provincia eran iguales; porque consta no haber sido hecha esta división por igual en muchas partes, sino en cada tierra conforme a su disposición y cantidad de gente délla... La misma división tenía hecha el Inca de todo el ganado manso que las tierras, aplicando una parte a la religión, a sí otra y a la comunidad otra,... y también las dehesas y pastos en que se apacentasen, de modo que anduviesen en dehesas distintas sin que se pudieren mezclar».

Así resume Cobo la agricultura y cómo los recursos se encontraban divididos en tres partes. Éste es el resumen de una economía incaica ordenada.

En algunos imperios preindustriales la economía del núcleo central era más compleja que la de las provincias, constituyendo la capital un vacío abierto a la producción provincial. El Tawantinsuyu no tuvo este modelo. Los incas no contaban con una gran población urbana que mantener en el Cuzco, ni podían trasladar enormes cantidades de producción a grandes distancias para la subsistencia. Sí es cierto que las conquistas proporcionaban grandes extensiones de tierras agrícolas y pastos, riqueza mineral y acceso al trabajo de muchas personas, es decir, obtenían beneficios humanos y naturales. Al comenzar la expansión incaica las actividades económicas de las tierras altas estaban organizadas comunidad a comunidad (aunque las sociedades que habitaban en la costa tenían economías más especializadas e interdependientes), y los incas decidieron intensificar estas economías de las tierras altas, que no solían tener mercados, impuestos en especie ni estaban dominadas por instituciones.

Los incas hicieron una producción y unos intercambios basados en el grupo de parentesco para representar su economía, tratándose como una extensión de las obligaciones familiares. Los cronistas se hicieron eco de la diferencia con el modelo económico europeo, y llamó la atención su originalidad: por ejemplo el intercambio ritual y la hospitalidad que se encontraban ligados con las relaciones políticas, y las ceremonias que lo acompañaban todo, desde el esquileo del ganado hasta la recolección de los campos.

Los incas reclamaban las tierras de cultivo, pastos, rebaños y todos los recursos de la tierra, del tipo que fuesen. Los campesinos pagaban sus impuestos en trabajo siguiendo un sistema rotatorio, y en contrapartida el Estado les ofrecía dones, seguridad y liderazgo. Para que esta sistema de rotaciones funcionase, los incas contabilizaban el número de cabezas de familia y las organizaba en una pirámide de unidades de contribuyentes. Con el tiempo, reasentaron comunidades enteras de campesinos y artesanos para cubrir determinadas necesidades estatales. Lo que sí es cierto, es que nunca adoptaron una economía de mercado para su Estado, sino que crearon un conjunto independiente de recursos e instituciones estatales que cubría sus necesidades.

Los servicios en trabajo fueron vitales para la economía del Estado Incaico. Darrel La Lone define la economía incaica como de «suministros según demanda», diseñada para hacer frente a objetivos institucionales y no a seguir las leyes de una economía de mercado. Los incas diseñaron su economía bebiendo de otros Estados andinos anteriores como los moche, chimú o wari, que incrementaron la intensidad de la agricultura, la ganadería y la artesanía en sus tierras, aunque es obvio que las economías andinas sufrieron cambios bajo el dominio del Cuzco.

Los incas, como ya hemos dicho con anterioridad, eran propietarios de todos los recursos, aunque el pueblo tenía acceso a sus tierras tradicionales a cambio de un pago en trabajo, siendo la producción de las familias intocable, no sus recursos y su trabajo. La mayoría de los productos y servicios que el Estado exigía se obtenía mediante la obligación forzosa de los cabezas de familia a realizar un pago en trabajo rotatorio llamado *mita*. Para el buen funcionamiento los funcionarios debían estar informados constantemente de la cantidad de población y recursos que tenían a su disposición. Parece ser que la contabilización de trabajo y productos había sido proporcional al número de familias que componían cada unidad.

El pago de impuestos en trabajo lo tenían que realizar los cabeza de familia sanos: eran los *hatun runa*, hombres casados de entre veinticinco y cincuenta años que constituían aproximadamente un 15-20 por ciento de la población del Imperio. Estas obligaciones les exigían dos o tres meses de trabajo anuales, aunque los incas no les pedían que trabajasen en períodos determinados, ni que las obligaciones las realizara sólo el cabeza de familia. Las familias podían desempeñar con él las tareas, por tanto cuanto mayor era una familia, antes terminaban el trabajo, de esta manera se incentivaba la procreación y la nueva adquisición de mano de obra por parte del Estado.

Se supone que todos los contribuyentes debían pagar alguna obligación de trabajo, pero en la práctica muchos fueron los exentos de este servicio. Por ejemplo los funcionarios responsables de más de cien familias o grupos étnicos enteros que poseían algún talento, que se veían favorecidos por tareas especiales, como los *rucanas* (recibían el empleo de porteadores de la litera), los *qollas del Titicaca* (canteros) o los *chumbivilcas* (bailarines).

En los últimos tiempos del Imperio, los incas llegaron en ocasiones a sustituir a los *mitayuq* por especialistas permanentes. También crearon diferentes status de trabajos especializados entre los cuales estaban los *mitmaqkuna*, los *yanakuna* y las *aqllakuna*. Seguramente la *mita* se asignaba a nivel local, y la prueba de ello la encontramos en las llamadas «visitas» o inspecciones españolas registradas en las primeras décadas del período colonial.

Para la economía incaica fue de vital importancia el almacenaje estatal ya que hacía de puente entre la producción patrocinada por el Estado y su uso por todo el Imperio. Como su sistema financiero estaba basado en la producción, debían reproducir el sistema de suministro de provincia en provincia. Estos almacenes los conocemos con el nombre de *qollqa*, levantados en situaciones determinadas, por ejemplo

101

en Cuzco, bordeando los caminos y próximos a las explotaciones agrícolas estatales.

Cieza menciona los principales usos de estos almacenes: suministros para personal militar, administrativo y religioso, especialistas trabajando para el Estado y trabajadores en régimen de *mita*.

También en esta ocasión echaron mano de saberes andinos para el diseño del sistema de almacenaje, así en yacimientos wari vemos estructuras con aspecto de celdas utilizadas (muchas de ellas) para almacenaje, aunque claro está los incas desarrollaron la idea a una escala mucho mayor.

Los grandes centros provinciales poseían cientos de *qollqa* alineadas en filas sobre las faldas de las colinas. En la cuenca del Mantaro se han registrado dos mil setecientas cincuenta y tres *qollqa*. En conjunto los edificios tienen ciento setenta mil metros cúbicos de volumen de almacenamiento, uno de los más grandes de la América prehispánica. Los elementos de almacenaje estaban formados desde unos pocos edificios hasta varios cientos.

Existían responsables de llevar la cuenta de todo lo que entraba y salía del almacén. Mediante los *khipus* se ofrecía una información detallada. También es cierto que el propio diseño ayudaba a la contabilidad, pues los *qollqa* estaban construidos con una habitación redonda o rectangular, que se extendía siguiendo una serie discontinua en paralelo a los límites de los campos. También estaban construidos para conservar productos perecederos el mayor tiempo posible, para ello se emplazaban en faldas abiertas de las colinas para obtener lugares frescos y bien ventilados, o también se construían sobre un subsuelo de arena y sobre canales de drenaje para mantener la atmósfera seca y fresca. De esta manera podían mantener alimentos no tratados durante uno o dos años y si estaban sometidos a un proceso de congelación y secado, el doble. A pesar de esta información, no sabemos la cantidad exacta de productos y la clase de éstos que se guardaban realmente, aunque existen suposiciones de almacenaje de papa, quinua o maíz.

# CAPÍTULO IV

## CICLO VITAL

El grupo de parentesco era el núcleo de la vida cotidiana de los incas, por el que compartían lazos familiares y sociales, al igual que las obligaciones económicas. La mayoría de las sociedades de las tierras altas andinas estaban dirigidas por señores locales o *curacas*, cargo hereditario, que a su vez formaban parte de este tejido social y familiar básico para la vida.

Para poder estudiar las relaciones sociales incaicas habitualmente hemos recurrido a distintos cronistas como Garcilaso o Cobo. Ambos conocían bien el corazón del Imperio incaico, pero por este motivo no podemos generalizar los datos extraídos de sus crónicas y aplicarlos a todos los Andes ya que la mayoría de la información sólo es atribuible a los propios incas. Afortunadamente, durante el siglo XX se han estudiado otros documentos, como por ejemplo las inspecciones españolas, recursos, herencias..., que nos hablan de la existencia de numerosas clases de relaciones sociales de las que antes no teníamos constancia, textos que nos muestran el funcionamiento de las relaciones de una región o de un pueblo. La arqueología también ha sido una fuente de primerísima mano para entender la interacción social mediante el estudio de la arquitectura y de los asentamientos. El estudio de los enterramientos también nos ha abierto las puertas de una sociedad caracterizada por los roles de parentesco, la identidad y sus relaciones con la naturaleza y el más allá. Pero no podemos olvidar en este punto la importancia de la antropología que sin duda, nos ha ayudado a comprender la idiosincrasia de los andinos en general.

Destacamos la simetría en la vida andina, entre los roles masculino y femenino, tanto en el seno familiar como entre gentes de distinto rango social. Al tener cierta relación con la cultura española, los cronistas nos vuelven a dar una visión sesgada de esta sociedad centrándose en el rol masculino, obviando el femenino sin saber que las culturas indígenas contemplaban ambos sexos como partes complementarias de un todo. Un hogar estaba incompleto sin la existencia de una pareja como núcleo, ya que una persona sola parte en desventaja para asumir las tareas de la vida cotidiana. Los parientes se asistían unos a otros y éstos a su vez debían asistencia a la nobleza, quien debía cumplir con su liderazgo y ser generosa con su pueblo, que a su vez le pagaba en trabajo y fidelidad. Las relaciones entre los distintos estatus sociales se mantuvo con la llegada de los incas, pero la distancia entre ellos se hizo más grande.

Los incas y sus súbditos más próximos eran la clase más elevada del reino, incluían a la propia familia real, a las *panaqa* de los soberanos pasados, las etnias incas que no pertenecían a la familia real y a los incas «de privilegio». La nobleza se distinguía e incluía a aquellos que poseían un linaje, un cargo militar, un papel civil o fuentes de riqueza, diferenciados de los especialistas en oficios o *kamayok* que eran gente común.

La preeminencia de las elites en el reino era absoluta a pesar de que entre el 95 y el 98 por ciento de la población era campesina. Es cierto que en las propias comunidades campesinas existían diferencias de rango o sociales pero todos tenían una responsabilidad mutua, pensando en la comunidad como un todo. Las comunidades andinas disponían habitualmente de varios *ayllus* (el más importante grupo de parentesco de la sociedad tradicional), su tamaño variaba de uno a otro pero solía albergar varios linajes y centenares de familias. A su vez se dividía en dos y las familias de estas dos partes poseían estatus que implicaban diferencias sociales. La familia normalmente estaba constituía por un cabeza de familia masculino, su esposa, hijos y parientes solteros o viudos. Las familias que formaban el *ayllu* se dispersaban por el territorio para disponer de varias ecozonas y ser autosuficientes. Estas comunidades para su subsistencia tenían que jugar con la autosuficiencia, las relaciones de parentesco, la jerarquía social y las obligaciones mutuas.

Hasta la década de 1980 no se empezaron a estudiar los restos de los asentamientos dispersos por los Andes. Este nuevo estudio nos ha dado nuevos datos para profundizar en estas comunidades. Se han encontrado localidades como Marca y Hatunmarca que poseían cada una unas cuatro mil quinientas estructuras residenciales y por tanto su población debía ser de aproximadamente cuatro o cinco mil personas. El estudio de los asentamientos al igual que el de la arqueología de los edificios nos ha revelado el impacto de la ocupación inca sobre el pueblo. Uno de los cambios más importantes fue el traslado de muchas comunidades que habitaban en los picos elevados y de fácil defensa, a zonas dispersas en los valles, cambio reflejado en el cambio de dieta que conlleva un mayor consumo de maíz. También las familias de estatus más alto adoptaron cánones incaicos tanto en arquitectura como en insignias de prestigio. Éstas elites locales también tuvieron acceso a numerosos objetos de cerámica inca (seguramente utilizadas en distintas ceremonias) como representantes del Estado y como señores étnicos tradicionales de su pueblo.

## Las etapas de la vida

Los incas no calculaban la edad mediante los años, sino que lo hacían siguiendo las etapas de la vida ya que lo realmente importante era la capacidad para el trabajo de las personas. Mediante los dibujos del cronista Guaman Poma podemos hacernos una idea de las distintas etapas de la vida de los andinos, aunque Rowe sugiere que quizá las adecuó hasta redondearlas en diez que era la base del sistema contable incaico. La lista que ilustra Guaman Poma nos hace pensar en las distintas etapas, que están marcadas por las tareas consideradas apropiadas para las distintas edades y sexos.

*Nacimiento e infancia.* Para la sociedad inca era una buena noticia el nacimiento de un nuevo miembro a la comunidad ya que traía consigo un nuevo sujeto productivo y por tanto, beneficioso para la familia. Pese a lo dicho anteriormente el anuncio de un embarazo o nacimiento no atraían demasiada atención, las mujeres trabajan hasta el momento de dar a luz e incluso se consideraba un mal augurio el hecho de que una embarazada caminara sobre un campo sembrado. Era costumbre entre las futuras madres, rezar a las *huacas* para que les concediesen un buen parto, más si tenemos en cuenta que daban a luz solas sin ayuda de nadie. Tras el nacimiento la mujer lava al bebé y a ella misma en el caudal de agua más cercano, una forma de ofrecimiento del nuevo miembro de la familia a la tierra.

El cronista Cobo nos habla consternado por el hacer que muchos incas tenían con sus hijos, de ponerles bandas de tejido alrededor de la cabeza durante cuatro o cinco años para moldeársela en forma cónica, forma que ellos consideraban atractiva. Esas prácticas las han podido constatar los arqueólogos con pruebas de deformación craneal. Cobo también nos cuenta que los bebés eran envueltos en toquillas cuatro días después de su nacimiento y depositados en una cuna, ésta estaba hecha con tablero y cuatro patas, una manta doblada sobre la que se depositaba al infante que a la vez servía para mecerlo. Se avisaba a los parientes para que lo visitasen y se les ofrecía una bebida.

Garcilaso nos cuenta que a los niños se les trataba con severidad para que fueran conscientes de lo duro de su futura vida andina.

«Y cada mañana que la envolvían (a la criatura) la habían de lavar con agua fría, y las más veces puesta al sereno... Al darles la leche, ni en otro tiempo alguno, no los tomaban en el regazo ni en brazos, porque decían que haciéndose a ellos, se hacían llorones y no querían estar en la cuna, sino en brazos... La madre propia criaba su hijo, no se permitía darlo a criar por gran señora que fuese si no era por enfermedad; mientras criaban se abstenían del coito, porque decían que era malo para la leche y encanijaba la criatura».

Hasta los dos años de vida aproximadamente no se celebraba la ceremonia de *rutuchico*, por la que se le daba un nombre y en la que se le cortaba el pelo, en este momento también se destetaba al niño. Seguramente este momento aconteciese tan tarde ya que las muertes de los bebés eran muy numerosas en los Andes y pocos conseguían alcanzar la vida adulta. En esta ceremonia se reunían amigos y parientes donde bebían y bailaban, tras lo cual el tío más anciano y con mayor reputación iniciaba el corte de pelo y uñas de los dedos con un cuchillo de pedernal, todo lo que se le había cortado se guardaba bien ya que según sus creencias ese pelo y esas uñas poseían la esencia de la persona y podía ser utilizado por algún chamán para hacer el mal a alguien mediante brujería.

Los niños no recibían ninguna educación especial, simplemente aprendían el oficio de sus padres, lo normal era aprender a cazar y a fabricar objetos artesanales, a su vez, las niñas aprendían a coser, tejer y a realizar las tareas domésticas. La agricultura y el pastoreo eran tareas que se realizaban entre los dos sexos y eran complementarias.

Como podemos suponer, los niños de los incas y de la nobleza provincial gozaban de otro tipo de educación, naturalmente más completa. A los hijos de los principales señores provinciales se les enviaba al Cuzco para que fuesen preparados como futuros funcionarios afines al reino, bien adoctrinados ya que se les inculcaban los valores y la cultura incaicos. Junto a los hijos de la nobleza incaica se les enseñaba el uso de las armas, el quechua, la religión, la historia y el sistema de registro de datos con el khipu. Garcilaso habla de los amautas como hombres sabios que les enseñaban sus conocimientos sobre poesía, música, filosofía, astrología...

Algunas niñas también recibían un educación formal, eran las *aqllakuna* (las elegidas) que eran instruías por todo el reino. Eran niñas escogidas a las que se les separaba de sus familias a una edad próxima a los diez años y se les alojaba en asentamientos del Inca supervisados por el gobernador de la provincia. En la Casa de las Elegidas o *aqllawasi*, había mujeres que habían hecho voto de castidad y que se encargaban de enseñarles la religión, costura, cocina o la preparación de la chicha. En alguno de estos *aqllawasi* se podían encontrar hasta doscientas mujeres de diferentes edades según el cronista Cobo. Estas niñas estaban muy protegidas, pero también participaban en numerosas ceremonias fuera. La instrucción de estas niñas duraba cuatro años, tras los cuales ya estaban preparadas para servir como *mamakuna* (sacerdotisas) o para desposarse con hombres que mereciesen tal honor por sus servicios al Inca.

*La adolescencia.* El paso a esta nueva etapa de la vida se realizaba mediante un rito de paso tanto para los niños como para las niñas. El ceremonial de las jóvenes era menos elaborado, se llamaba *quicuchicu* y correspondía con la primera menstruación que se producía normalmente a la edad de trece o catorce años. A las nuevas adolescentes se les exigía ayuno durante tres días en los que permanecían aisladas y al final se les daba maíz crudo. Al cuarto día la madre la lavaba y la vestía con finas ropas tejidas especialmente para esa ocasión, tras esto los parientes la visitaban durante dos días en los que la muchacha les servía comía y bebida. El tío más importante era el encargado de darle un nuevo nombre para su vida de adulta y le aconsejaba sobre el tipo de vida que debía llevar de rectitud y servicio a sus padres. Los nombres de las muchachas solían hacer hincapié en la belleza y la pureza, como por ejemplo Estrella (*cuyllor*), Pura (*ocllo*), Oro (*qori*)... Al concluir la ceremonia los parientes le entregaban distintos regalos.

Podemos intuir que los ritos de paso de los jóvenes del pueblo llano eran mucho más sencillos que los de los hijos de la nobleza y de los propios Incas. El *warachico* o ceremonia de paso a la adolescencia se celebraba una vez a la año en cada comunidad y en el Cuzco coincidía con la fiesta del solsticio de diciembre, el *Qhapac Raymi*. A los muchachos de aproximadamente catorce años se les entregaba un taparrabos tejido por sus madres y también se les daba un nuevo nombre de adultos, sus nombres solían hacer referencia a bravura y valentía como Cóndor (*kuntur*), Poderoso (*qhapaq*), Honorable (*Yupanki*)...

La ceremonia celebrada para los hijos de los Incas y de la nobleza se componía de peregrinaciones, sacrificios y proezas físicas. Un mes antes los muchachos debían realizar una peregrinación a la montaña sagrada de Huanacauri para recibir la aprobación y proseguir con los rituales. Los muchachos fabricaban hondas y mascaban maíz para realizar chicha que después se consumiría en los festejos. Se peregrinaba una segunda vez al Huanacauri y en este momento comenzaba un mes de ceremonias en las que se sacrificaban camélidos y se hacían bailes en la plaza central del Cuzco. Los padrinos les azotaban las piernas y les decían que debían ser valientes y servir al Inca y al Sol con honor. Uno de los acontecimientos era la carrera por la ladera de una montaña que solía acabar con heridos, mientas las doncellas les jaleaban en un zona con chicha. Al finalizar el ceremonial, los muchachos recibían presentes de sus parientes masculinos y les agujeraban las orejas señalando así su rango nobiliario de orejones.

*La vida adulta y el matrimonio.* Para llegar a la vida adulta plena había que pasar por el matrimonio. Es posible que en época preincaica los jóvenes eligieran a sus esposas con el consentimiento de ambos progenitores, seguramente esta elección se hiciera dentro de la otra parte del *ayllu* de tal manera que los recursos se conservaran dentro del grupo familiar extenso. El matrimonio no sólo vinculaba a la pareja contrayente, también a las familias extensas de ambos; los vínculos que se formaban eran de gran importancia ya que se activaban en el momento que fuera necesaria la asistencia mutua. Los hombres solían contraer matrimonio a una edad entre el final de su adolescencia y mediada la veintena, la mujer más joven.

Al pasar el control a los incas, se suponía que los matrimonios debían ser aprobados por el gobernador provincial. En algunas regiones decían que este gobernador colocaba en dos filas a los jóvenes por un lado y a las muchachas que se podían elegir por otro, permitiendo que los chicos pudieran elegir uno por uno a sus esposas. Si dos muchachos querían a la misma chica, el gobernador solo tenía que mirar cual de ellos contaba con mayores derechos y a éste se le asignaba la mujer elegida. En el territorio andino los jóvenes llegaban a distintos acuerdos con los padres de sus futuras mujeres, aunque se piensa que también necesitaban la sanción del gobernador. Una pregunta que nos podemos hacer es si realmente esta sanción se aplicó por igual en todo el territorio andino.

El cronista Cobo, con respecto a la ceremonia del matrimonio, nos dice cómo el novio ofrecía una bolsa de coca a su futura suegra y si ella la aceptaba el matrimonio quedaba asegurado. La nueva pareja establecía su residencia y empezaba a formar parte de aquellos que pagan impuestos.

Los miembros de la etnia inca tenían que esperar para celebrar el matrimonio hasta que habían concluido los trabajos de

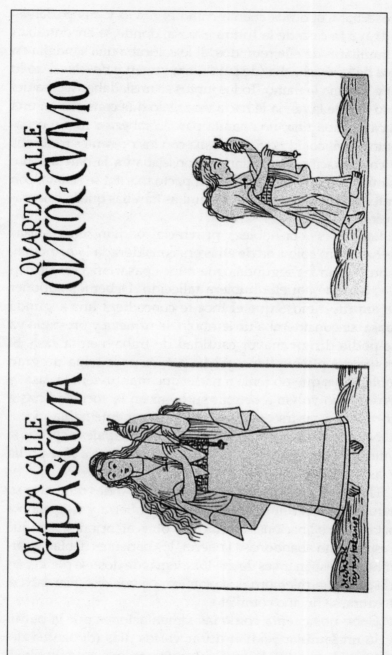

Ciclo de mujeres incas.

111

la cosecha. Cobo nos cuenta cómo el novio y sus parientes acudían a la casa de la futura esposa, donde se encontraban los familiares de ella reunidos, él le colocaba una sandalia en el pie de la muchacha (de lana si era virgen y de *ichu* si no lo era) y le cogía la mano. Todos juntos se trasladaban a casa del novio donde la novia le hacía un regalo que consistía en una túnica de lana fina, una banda para la cabeza y algún ornamento metálico. El novio se vestía con los presentes recibidos y a continuación los ancianos aconsejaban a la pareja sobre sus nuevas responsabilidades. El pacto marital se sellaba con el intercambio de regalos entre ambas familias que lo celebraban con bebida.

Los incas y la nobleza provincial podían tener varias esposas, pero sólo una de ellas era considerada la principal, las otras eran las segundas que nunca pasarían a ser principales aunque aquella hubiera fallecido. Debemos suponer que era prestigioso que el Inca te concediera una segunda esposa, se consideraba un símbolo de riqueza y prestigio ya que podía dirigir mayor cantidad de trabajo en la casa. Si alguien del pueblo llano perdía a su esposa tenía un gran problema ya que no tenía a nadie que mantuviera la casa, y de hecho no volvía a ocupar su lugar en la sociedad hasta que volvía a casarse, social y económicamente hablando.

No era posible divorciarse de las principales esposas si el matrimonio había sido sancionado por el Inca, sí se podía de las segundas mujeres.

*La muerte.* Al morir una persona en los Andes cambiaba su estatus y su espíritu seguía habitando la tierra y exigiendo a sus familiares libaciones de chicha y otras atenciones. Aunque su espíritu no abandonase la tierra, los parientes debían guardar luto y vestían trajes de duelo, además de dolerse por la pérdida de algún miembro de la familia. La nobleza guardaba el luto durante un año completo.

Cobo nos cuenta cómo las lamentaciones por la pérdida de un familiar podían durar varios días (dependía del estatus del muerto). Entre flautas y tambores se le lloraba y lamentaba mientras los familiares ofrecían bebida y alimentos. La comitiva funeraria podía visitar lugares importantes para el muerto, lugares que habían significado algo para él y allí contaban los momentos clave de su vida. A los señores se les vestía con sus mejores galas para enterrarlos y estaban acompañados por sus riquezas, en ocasiones por sus esposas y sirvientes. Naturalmente el enterramiento de una persona común no tenía nada que ver, es posible que se quemaran algunas pertenencias en el momento de darle sepultura.

En época incaica las tumbas contenían objetos relacionados con el sexo del fallecido, así como materiales para coser o prendedores en el caso de las mujeres. También se conservaban las momias de los antepasados por la creencia en la continuidad entre los ancestros y los descendientes, se guardaban en cuevas o sitios similares y se debían abrir periódicamente para ofrendarlas.

La verdad es que existe tal variedad de costumbres funerarias a lo largo de los Andes que es imposible hacer cualquier tipo de descripción. Desgraciadamente los conquistadores y los huaqueros saquearon tantas tumbas y tan bien que apenas contábamos con evidencia de enterramientos de la propia elite incaica. Un ejemplo de los pocos que tenemos en los centros imperiales es el enterramiento excavado por Eaton (1916) en Machu Picchu, que contenía restos de las personas del servicio o de funcionarios, no de la aristocracia. Este tipo de enterramientos nos ha proporcionado numerosos materiales que indican que estas personas eran enterradas con elementos propios de su grupo étnico y con impuestos para el Estado.

Un dato curioso es la aparente falta de cementerios en los centros provinciales incaicos, seguramente por el hecho de que los propios incas creían que su estancia allí era temporal. Los andinos en general tenían la creencia de que el lugar idóneo para su entierro se encontraba en la patria de sus ancestros, por lo que es posible que se transportaran hasta ella.

En Pachacamac los incas sacrificaron y enterraron a muchas muchachas a la entrada y en el interior del Templo del Sol, algunos de los objetos de esas tumbas nos hacen suponer su procedencia de sociedades de la costa. En la excavación del yacimiento de Puerta de La Paya por Ambrosetti se encontraron doscientas dos tumbas repletas de objetos funerarios (piezas de cerámica incaica, cuentas, objetos de metal –hachas, punzones, tumis, pinzas, husos de hilar y otras herramientas para hilar y tejer–).

Las prácticas mortuorias variaban con respecto a las distintas provincias, según el grado de adaptación de prácticas incaicas a las suyas propias. Entre los lupaqa del Titicaca los señores adoptaron la planta rectangular y la talla en piedra característica de la arquitectura incaica para sus criptas en superficies. Los bienes enterrados con estos señores de alto rango incluían objetos policromados incas de gran valor.

## Las relaciones

Ya hemos visto que los papeles desempeñados por el hombre y la mujer eran complementarios e inseparables, y que las distintas etapas del ciclo vital corrían en paralelo para ambos sexos celebrando los ritos de paso establecidos.

Para la realeza inca la línea de parentesco femenina cobraba especial importancia, los emperadores se identificaban más con el grupo de parentesco de la madre y escogían en este a sus esposas. Al contrario, los *ayllus* de los incas que no eran de la realeza, eran patrilineales al igual que muchos otros pueblos de las tierras altas.

Hombres y mujeres compartían tareas, por ejemplo en la agricultura los hombres rompían el suelo y las mujeres se encargaban de plantar la simiente. También tenemos datos de la época colonial de equipos de mineros formados por ambos sexos, aunque hoy en día es más difícil verlos. Las mujeres solían encargarse de la fabricación de cerveza, recoger la leña y las labores de hilado y tejido, mientras que los hombres cazaban y eran responsables de las labores militares, en ocasiones acompañados de las féminas. Las tareas de cerámica y metalurgia también parece que las realizaban ambos sexos. Todo ello no implica que el trabajo estuviera dividido por igual. La mujer controlaba la casa y todas sus actividades, mientras que el hombre controlaba la distribución de los productos relacionados con la política y su estatus, de modo que el papel de la mujer quedaba parcialmente en la sombra.

Era importante conservar el equilibrio entre hombres y mujeres, para ello se utilizaban numerosos métodos, como por ejemplo los mitos de origen que como ya hemos visto en anteriores capítulos, hablan de cuatro parejas de hermanas y hermanos ancestrales que surgieron de Pacariqtambo. También los propios dioses guardaban ese equilibrio, el Dios Creador Wiracocha tenía aspectos tanto masculinos como femeninos y los dos seres celestiales más poderosos, el Sol y la Luna, estaban casados; además de que las personas a su servicio formaban parte de órdenes masculinas y femeninas.

Pese a los paralelismos que hemos mencionado, no había una relación de igualdad formal. Los papeles públicos importantes como cargos políticos y de poder, que conllevaban la disposición de recursos, estaban en manos de los hombres y no existe ninguna prueba de la existencia de una mujer soberana y si hubiera sido así no nos cabe duda de que hubiera sido digno de mención.

Las familias utilizaban distintos términos para referirse a los miembros de ésta, un padre nombraba a sus hijos dependiendo del sexo de estos, si era hijo: *churi* e hija: *ususi*; la madre sólo utilizaba un nombre para ambos, *wawa*. Los dos sexos llamaban a su padre yaya y a su madre *mama*. Los hermanos se llamaban con un término recíproco, *wawqi* y a las hermanas *pana*, a su vez las hermanas se llaman entre ellas *ñaña* y a sus hermanos los llaman *tura*. Estos términos se hacían extensivos a otros parientes, por ejemplo, a los primos hermanos se les llamaba como a los hermanos o hermanas, mientras que al hermano del padre se le decía hermano, a la hermana del padre se le llamaba tía.

*Este sistema de parentesco y el equilibrio entre ambos sexos hacían posible las relaciones entre todos y la naturaleza.*

## Creencias

Los incas, al igual que muchas culturas importantes en el mundo, se encargaron de desarrollar una ideología que guiaba sus acciones y daba sentido a la vida, aunque uno de los aspectos más importantes es que justificaba su supremacía sobre el resto. Para entender la ideología incaica debemos tener en cuenta el nexo de unión entre tradición, historia, política y las propias creencias.

El culto al Sol era prioritario en la religión oficial, aunque también se veneraba a otras deidades. Los incas sacrificaban a estos dioses numerosos bienes y animales (por ejemplo, llamas) y en algunas ocasiones seres humanos.

Los pueblos andinos compartían el universo con los dioses, los espíritus de la tierra y los muertos que cobraban forma en distintos objetos naturales, a todos ellos les ofrecían sacrificios y «oraciones» ya que su bienestar dependía de la voluntad de estas deidades. Los andinos creían en la existencia de piedras vivas o ancestros que cobraban presencia mediante el pico de una montaña o de un riachuelo, todos ellos coexistían en el paisaje y lo transformaban creando su propia historia con los elementos naturales, a ellos los incas le dieron el nombre de *wakas*.

El papel de los fundadores también era de suma importancia, se pensaba que éstos habían surgido de algún lugar de la naturaleza llamado *paqarisqa*. Se les rendía culto a estos progenitores mediante sacrificios y ritos funerarios que se producían periódicamente proporcionándoles nuevas ofrendas. Estos ancestros se personificaban en forma de un ídolo cuya desaparición o destrucción suponía un absoluto desastre para sus descendientes, los incas desplazaron estos ídolos de sus lugares de origen al Cuzco para que los súbditos se tuvieran que desplazar a la ciudad para rendirle culto a sus fundadores, al igual que si querían castigar a un pueblo rebelde sólo tenían que maltratar a su ídolo para que se volviera a someter a la voluntad del soberano inca. Antes de los incas existieron también oráculos, centro de peregrinación para realizar consultas, como Chavín o Pachacamac que los incas decidieron incorporar a su dominio y a sus creencias.

Los españoles se encontraron con gentes que rendían culto al Sol, que reverenciaban a ídolos, que hablaban con oráculos y que los soberanos se consideraban divinos. Todo ello sumado a la complejidad de las creencias indígenas y a una cultura marcada por la religión cristiana, supuso la incapacidad española para entender la idiosincrasia de los incas y del resto de los andinos. Tardaron en intentar averiguar la religión y el resto de creencias de los incas. Fueron Cieza y Betanzos los primeros, seguidos por Polo, Toledo, Sarmiento, Arriaga, Acosta... Registraron mitos y prácticas religiosas e intentaron explicar la visión andina de la vida y la muerte, también se esforzaron por descubrir la ubicación de los lugares sagrados y de los ídolos, aunque como debemos imaginar, no con fines de comprender a los incas, sino para extirpar la idolatría que existía entre ellos. Debemos esperar a otros autores como Garcilaso de la Vega, Guamán Poma o Santa Cruz Pachacuti, en el siglo XVII, para profundizar en las creencias indígenas y obtener una explicación para los españoles de la ideología incaica, aunque no debemos olvidar que el enfoque de sus relatos es también cristiano y por tanto imperfecto, aunque nos enseñan una rica vida ceremonial. No debemos olvidar que los informantes de los cronistas eran la antigua elite del Cuzco, por tanto transmitieron la idea de que la religión imperial incaica era la de toda la zona andina y esto, como sabemos, es falso.

## Los orígenes del mundo

Encontramos tantos relatos del origen del mundo y de la humanidad, como pueblos andinos. Ya cuentan cronistas como Cobo que cada pueblo cree haber sido el primero sobre la tierra y que todos los demás proceden de ellos. Los propios incas contaron distintas historias sobre la creación del universo ya que a medida que expandían su imperio debían incluir a más gentes y más lugares, una historia similar a la de los españoles con el Nuevo Mundo.

El lago Titicaca suele ser el sitio donde comienzan los mitos de origen incaicos, luego suele continuar de la siguiente manera: antes de que existiera la luz, Wiracocha Pachayachachi, el creador de todas las cosas, dio vida a una raza de gigantes, pero vio que eran demasiado grandes y decidió crear a los humanos de su mismo tamaño. Los hombres creados por Wiracocha eran seres llenos de odio y maldad, por lo que decidió convertirlos en piedras y otras formas naturales, a otros los hizo desaparecer por mar y por tierra. Tras este episodio inundó la tierra destruyendo todo lo que había en ella, tan sólo salvó a tres hombres que serían los encargados de ayudarles a crear a los humanos de nuevo.

En una isla del lago Titicaca hizo aparecer el Sol, la Luna y las estrellas, pero el Sol estaba celoso de la Luna ya que ésta era más brillante, por ello le arrojó ceniza a la cara y por este motivo ella está llena de manchas y con un brillo más apagado que el que le otorgó Wiracocha.

El creador pasó a tierra firme, a Tiwanaku donde esculpió en grandes piedras a todos los pueblos que crearía y ordenó a sus sirvientes que recordaran los nombres de estas gentes y los lugares donde deberían aparecer. Wiracocha envió a uno a la costa y a otro a los cerros, mientras que él mismo tomó el camino central, convocaba a las gentes de los lagos, de los cerros, de las corrientes, de los árboles... Al final alcanzó la costa ecuatoriana donde les dijo a sus sirvientes que sus mensajeros regresarían algún día, y juntos caminaron sobre el agua hasta desaparecer por el oeste.

Las múltiples variaciones de este mito nos hacen suponer que los incas consideraron cambiar la historia a medida que el Imperio avanzaba, para estar en consonancia con los territorios y gentes que se incorporaban a la religión imperial. Investigadores como Rowe señalan otros puntos de partida distintos al Titicaca, como Pachacamac o Ecuador, pero esto también es debido a la distinta reubicación del mito a medida que la expansión incaica crecía.

### Deidades incaicas

*Wiracocha.* Es la más importante deidad incaica, es el dios Creador. Normalmente este dios se mantenía al margen de los asuntos cotidianos, pero en ocasiones se aparecía a los reyes incas. Sarmiento nos cuenta cómo se reveló al inca Hatun Thupa Inca que tras esta aparición decidió cambiar su nombre y adoptar el del dios para su título imperial: Wiracocha Inca. También se le apareció a Inca Yupanqui (Pachacuti) quien aprovechó la revelación del dios para legitimar su reclamación del trono. Wiracocha físicamente aparece en forma humana con rayos en la cabeza y serpientes enroscadas en los brazos, y proyectando cabezas de puma desde su cuerpo. La imagen más característica de este dios la encontramos en la Puerta del Sol de Tiwanaku.

Los cronistas suelen ver a este dios formando parte de una tríada, junto con el Sol y el Trueno. Esto nos recuerda a la idea de la trinidad cristiana, impuesta por los españoles a la religión incaica, pero sí es cierto que estaban parcialmente relacionados ya que los tres recibían culto en el Coricancha y eran seres celestiales con múltiples poderes.

A pesar de la importancia indiscutible de Wiracocha, los incas no destinaron demasiados esfuerzos ni recursos a su culto. No le dedicaron ninguna ceremonia importante, ni contaba con una dotación específica de sacerdotes ni un culto elaborado.

*Inti «El Sol».* El culto al Sol constituyó el centro de la religión incaica, y era el más importante tanto por el culto que recibía como por el lugar institucional que ocupaba, incluso por las propiedades que poseía. Su supremacía cosmológica era respaldada por su característica de ser vital para la existencia del mundo. No existe conformidad entre los cronistas para decir quién inició el culto al Sol, según Betanzos fue Pachacuti, pero Sarmiento señala a Wiracocha Inca quien inauguró este culto tan elaborado a Inti. Según la mayoría de las fuentes, las contribuciones de Pachacuti fueron las más significativas y las que dieron lugar a la reedificación del templo principal y la modelación del ídolo solar.

Físicamente Inti era un varón representado por una estatua o un disco solar. La estatua era la figura de un joven llamado Punchao, de su cabeza se proyectaban rayos y sus orejas estaban adornadas con rodetes, embellecido por un pectoral y una banda real, del cuerpo salían serpientes y leones. Punchao era el nexo de unión entre los hombres y el Sol ya que los órganos vitales de los soberanos fallecidos se quemaban y se depositan en un orificio de éste. Esta estatua dormía en el templo principal y era sacada al patio durante el día. Los españoles nunca consiguieron encontrar al Punchao.

El disco solar se suele citar como una creación incaica y fue ilustrado tanto por Guamán Poma como por Santa Cruz Pachacuti. Duviols cree que esta imagen es de época colonial pero que fue adoptada por los andinos a la vez que se ha ido formando toda una mitología a su alrededor.

Los incas dedicaron a Inti innumerables ceremonias que servían para asegurar el bienestar del soberano y de las gentes, ya que también de ellas dependían las futuras cosechas. Por todo el Imperio los incas dedicaron numerosos recursos de todo tipo a su culto, tanto es así que en los principales asentamientos de las numerosas provincias existía un Templo del Sol servido por un cortejo de sacerdotes y sacerdotisas. Se cree que cada provincia dedicaba campos y rebaños al Sol y que tenían sus propios almacenes donde se guardaban los suministros para el personal y para los sacrificios en su honor.

*Mama Quilla «Madre Luna».* Es otra de las deidades más importantes del panteón incaico, era la esposa del Sol. En algunas sociedades costeras como la chimú la luna era más importante que el sol. Mama Quilla era importante para calcular el tiempo mediante los ciclos lunares y así regular el calendario ceremonial. La Luna tenía su templo propio en el Cuzco al igual que un cortejo de sacerdotisas que le servían.

A Mama Quilla se la representa bajo forma humana femenina, se creó una imagen suya que sus sacerdotisas se encargaban de proteger, cuidar y rendir culto. Conocemos varios mitos sobre las manchas de la luna, anteriormente ya hemos mencionado uno, Garcilaso cuenta cómo fueron producidas porque un zorro se enamoró de ella por su belleza y cuando subió al cielo para hacerla suya, ésta lo apretó contra sí y le produjo esas manchas que hoy día podemos ver.

*Inti Illapa «El Dios del Trueno».* También es de gran importancia, no sólo era dios del trueno, también del rayo, del arco iris y de la mayoría de los fenómenos meteorológicos, por este motivo los andinos le hacían rogativas para obtener lluvias. Este dios se representa como un hombre en el cielo, lleva un garrote en una mano y una honda en la otra. El trueno era el golpe de honda y el relámpago el brillo que generaba su indumentaria luminosa, los rayos eran las piedras que lanzaba. Su imagen era conocida como Chucuylla y se guardaba en un templo llamado Pukamarka en Chinchaysuyu.

*Otras deidades.* Los incas rendían culto a otras y numerosas deidades. La Pachamama («Madre Tierra») también era de suma importancia ya que a ella se le ofrecían sacrificios para obtener buenas cosechas, los campesinos le solían rendir culto en altares de piedra en mitad del campo. Mamacocha («Madre del Mar») tenía menos importancia entre los incas, pero en los pueblos costeros ocupaba uno de los lugares más elevados. Un dios regional de gran importancia era Pachacamac («Hacedor de la Tierra»), fue reconocido por los incas y poseía un oráculo costero con dos milenios de tradición anterior a la aparición de los incas.

Los incas también reverenciaron a las estrellas y a los planetas, aunque esta es una práctica de numerosos pueblos andinos ya que se hacía antes, durante y después del dominio incaico. Agruparon a los planetas visibles con las estrellas más brillantes, distinguiéndolas de estrellas menores. Prestaban especial atención a Venus y a las Pléyades ya que su paso estaba relacionado con el ciclo agrícola y con el calendario.

*Ceremonias incaicas*

Normalmente los incas vinculaban las ceremonias a los ciclos solar y lunar, aunque existían rituales relacionados con acontecimientos particulares.

El *Capac Raymi* («festival magnífico») era la ceremonia más importante del ciclo regular y se celebraba en el primer mes del año que incluía el solsticio de diciembre. En esta celebración los jóvenes incas se sometían a ritos de pubertad que marcaban el paso de la infancia a la edad adulta. En las ceremonias se bailaba, se bebía, se ingerían pasteles de maíz y sangre de llama (simbolizaba el alimento del Sol), era la celebración más extraordinaria de todo el año.

El *Inti Raymi* («preparación de los guerreros») coincidía con el solsticio de junio y era una celebración dedicada a honrar al Sol. Hoy día en el Cuzco esta fiesta se ha recuperado en forma de un gran espectáculo que mezcla tradición con modernidad en busca de turistas. En la antigua celebración participaban los personajes más destacados como el Sol, el Inca, la nobleza, el pueblo, los bultos de los antepasados... Todo empezaba durante el amanecer en un llano del Cuzco donde se sacaban los bultos de los adoratorios del Cuzco, que protegían con ricos toldos de plumas. Los señores se vestían con sus mejores y más lujosas galas, se situaban en dos filas de unas trescientas personas cada una.

A medida que el Sol se elevaba, el soberano inca comenzaba un cántico que aumentaba de volumen hasta alcanzar el mediodía, punto en el que bajaba el tono paulatinamente al igual que el Sol descendía. En este día se ofrendaba carne y se presentaba en sacrificio chicha, coca y otros productos. Al finalizar la carrera del Sol por el cielo el día llegaba a su fin y los incas se mostraban tristes. Tras la puesta de Sol, todo y todos regresaban a sus sitios; tras ocho o nueve días de ceremonias similares, los incas traían arados de pie y comenzaban a roturar la tierra, así inauguraban la estación de la siembra.

El *Coya Raymi* («festival de la reyna») era un ritual de purificación. Cobo nos cuenta que se realizaba en la estación de lluvias ya que era el momento del año en el que las gentes tenían más posibilidades de caer enfermas. La ceremonia comenzaba con los cuzqueños golpeándose unos a otros y aireando telas fuera de las edificaciones como forma simbólica de liberación de impurezas y enfermedades. Cuatro grupos de cien personas salían de la ciudad con cenizas sacrificiales en las cuatros direcciones encabezados por sacerdotes, en un puntos determinado pasaban lo que cargaban a gentes con posición social inferior hasta que los últimos porteadores se bañaban en cuatros ríos situados a muchos kilómetros de distancia para liberar a la ciudad y a sus gentes de enfermedades.

*Lugares Sagrados*

Lo primero de todo es tener en cuenta que para los incas el mundo estaba compuesto de cuatro partes que convergían en el Cuzco. Los pueblos andinos estructuraban su interacción con el terrero santificado mediante una compleja red de lugares sagrados.

En el Cuzco Cobo nos da una lista de trescientas treinta y dos *wakas* (seguramente extraídas del desaparecido manuscrito de Polo), que incluye su posición, historia mítica, sacrificios que se le hacían y afiliaciones sociales de los fetiches. El diseño de lugares sagrados en el Cuzco era sencillo, se hallaban unidos por líneas *zeq'e* que nacían normalmente desde el Templo del Sol y cada una de ellas se asignaba a un grupo social que dirigía rituales ante los lugares sagrados siguiendo a una ceremonia relacionada con el calendario.

Los lugares u objetos sagrados podían ser elementos naturales o incluso edificios, en la lista de Cobo que antes hemos mencionado, encontramos corrientes de agua, fuentes, colinas, piedras, templos, árboles... Los dos lugares sagrados de mayor importancia fueron el Corikancha y Huanacauri. Piedras de importancia como lugares de culto fueron los *pururaucas* que eran veneradas como guerreros, también piedras talladas como la Piedra de la Luna, el Trono del Inca o la Piedra Cansada.

Según Cobo, la ofrenda común que se les hacia a las *wakas* eran las conchas marinas conocidas como *mullu* (de especial importancia en las ceremonias para propiciar la lluvia), aunque otros objetos sacrificiales podían ser llamas, metales preciosos, coca e incluso niños (actualmente entre los yatiris bolivianos también se sigue la práctica de ofrendar al Illymani a pequeños infantes) en raras ocasiones y siempre relacionado con el culto solar y en acontecimientos de gran importancia para la vida del inca.

Ante todo éste sistema organizaba las ceremonias anuales y proporcionaba bienestar y el mantenimientos de las relaciones entre los hombres, sus antepasados y los poderes sagrados, aunque no debemos pensar que este conjunto de lugares sagrados era estático ya que se fueron añadiendo más, seguramente hasta hoy día.

## Los cerros como lugar de culto

La Arqueología de Alta Montaña nos ayuda a constatar la importancia de los cerros en las creencias religiosas andinas. Hallazgos como los encontrados en Cerro Plomo (5.430 m.s.n.m.*), Chile, en la cumbre del Ampato (6.300 m.s.n.m.*) en el departamento de Arequipa (Perú) o en el Volcán Llullaillaco (6.739 m.s.n.m.*) en la provincia de Salta (Argentina) han alentado el desarrollo de la disciplina de la Arqueología de Alta Montaña, una disciplina dura ya que necesita una preparación física y técnica especial, gracias a la cual hoy podemos adentrarnos de manera más científica y rigurosa en el estudio de los rituales andinos, sin olvidar la información que desde la Etnohistoria y la Etnografía de las poblaciones actuales se puede rescatar a este respecto, y que proporciona un continuo espacio-tiempo en el desarrollo de estos comportamientos rituales y de las categorías culturales que los vieron nacer. Los descubrimientos arqueológicos confirman lo que ya sabíamos a través de los escritos de los cronistas coloniales: la existencia de sacrificios humanos en las altas cumbres andinas. ¿A qué responden estos sacrificios?

Las investigaciones arqueológicas nos indican que son escasos los sacrificios humanos realizados en las cumbres de la cordillera andina, aunque no los sitios donde encontramos ofrendas a los *apus*. Los sitios arqueológicos que responden a estas características se denominan comúnmente «santuarios de altura». Las ceremonias que en ellos se celebraron y de las que hoy encontramos evidencias fueron bastante variadas: existen santuarios de altura con sacrificios humanos, con sacrificios no humanos, y sin sacrificios. Tanto por las crónicas como por testimonios actuales sabemos que fue y es habi-

---

* Metros sobre el nivel del mar.

tual el sacrificio de camélidos en el área andina, y de otros animales que posteriormente introdujeron los españoles. De esta forma, encontramos numerosas evidencias de restos óseos asociados con leña en las cumbres andinas que se encuentran relacionados con ceremonias de culto a los cerros, culto que se puede rastrear mucho antes de la llegada de los incas. Igualmente, son frecuentes los cerros únicamente con construcciones arquitectónicas con muchos grados de complejidad que seguramente estuvieron relacionadas con actividades rituales, y que ponen de manifiesto la asociación de los cerros con este tipo de ceremonias en la cosmovisión andina, en general, ya que por falta de evidencias no se puede constatar que este tipo de santuarios sean de época inca. Por último, encontramos evidencias que si bien no recogen ningún sacrificio humano ni animal, pudieron significar simbólicamente un sacrificio. Entre estos bienes eran frecuentes figurillas antropomorfas que podrían sustituir a la víctima humana en el sacrificio, ya que en ocasiones les acompañan un ajuar en miniatura y las recurrentes figurillas de camélidos realizadas en materiales preciosos, como oro, plata o *mullu*. Estas ofrendas están asociadas a construcciones que en ocasiones alcanzan un grado de complejidad similar a las que recogen sacrificios humanos.

Los últimos descubrimientos de la Arqueología de Alta Montaña evidencian un comportamiento ritual en torno a los cerros que se extendió a lo largo de todos los Andes. Se han localizado un total de 165 sitios de altura aunque hasta el momento no todos han podido ser investigados con la profundidad con la que nos gustaría. Su distribución por países es la siguiente [datos facilitados por el centro de Investigaciones Arqueológicas de Alta Montaña de San Juan (CIADAM) y el Centro para la Conservación del Patrimonio de Alta Montaña-Salta (CECOPAM)]:

Ecuador: 1 sitio.
Perú: 27 sitios.

Bolivia: 7 sitios.
Chile: 54 sitios.
Argentina: 76 sitios.

Los últimos hallazgos arqueológicos, que han revolucionado el mundo de la arqueología y de los estudios andinos, son evidencias de ceremonias rituales donde se ofrendaron vidas humanas, y que, aunque no se pueda asegurar a ciencia cierta, parecen corresponder a la ceremonia Inca de la *capaccocha*.

Desde Ecuador hasta Argentina encontramos huellas de este ritual celebrado en las grandes cumbres andinas, y que hoy intentamos analizar para su mejor comprensión y contextualización dentro de la religión inca, tanto de los sacrificios humanos como de su realización en estos impresionantes paisajes, probando la trascendencia de los cerros dentro de las tradiciones culturales andinas.

Probablemente, el culto a las montañas y su concepción como seres sagrados puede rastrearse en América Latina (y en todo el mundo) desde tiempos muy remotos. De igual manera, para el sacrificio humano asociado a los cerros contamos con evidencias que lo remontan hasta hace unos 2.000 años en el seno de la cultura moche (Costa norte de Perú), que plasmó en sus manifestaciones artísticas la entrega de seres humanos a sus *apus*.

Si bien el sacrificio humano realizado en los cerros es anterior a los incas y existen evidencias de su práctica, la mayoría de los investigadores coinciden en fechar como tal los así llamados «santuarios de altura» hallados en las cumbres andinas y relacionados, algunos de ellos, con la ceremonia de la *capaccocha*. Las dataciones radiocarbónicas realizadas hasta la fecha corresponden al período de dominación inca, entre mediados del siglo XIII y mediados del XIV. Las tipologías de los materiales hallados en los sitios y la información recogida en los textos de los cronistas ayudan a confirmar esta tesis (C. Vitry, 1997).

Debido a su escasez, quizá la existencia de sacrificio humano demuestre la importancia de la *capaccocha* en la religiosidad inca, y la relevancia de los cerros en su cosmovisión ya que es en ellos donde depositan estas ofrendas tan valiosas. Según Duviols, era una de las ceremonias más solemnes y en la que más gente participaba, ya que lo hacía en mayor o menor grado todo el Tawantinsuyu. De igual manera, era «especialmente significativa en cuanto a los mecanismos de reciprocidad política, social y económica puestos en juego y que, por tanto, nos ayuda a entender mejor aquellos mecanismos» (Duviols, 1977:11). Es decir, la *capaccocha* sobrepasaba la esfera religiosa-ritual para formar parte del engranaje político y socioeconómico del Imperio incaico. La puesta en marcha de una ceremonia de tales dimensiones sólo tiene cabida en una sociedad con un alto grado de desarrollo y con un fuerte control por parte de los dirigentes. Durante el desarrollo de esta ceremonia se ponían en circulación un gran número de bienes y de personas que peregrinaban por los cuatros *suyus* en dirección al Cuzco. Una vez allí, y tras las ceremonias, sacrificios (niños, llamas, *mullu*, chicha...) y fiestas correspondientes, regresaban para realizar la *capaccocha* en cada una de las provincias. Por último, volvían de nuevo al Cuzco para recibir los bienes que el Inca redistribuía y hacer balance del año, juzgándose la eficacia de todas las *wakas*.

*Los sitios arqueológicos.* Un paseo por las nieves eternas nos situaría en el escenario donde tuvieron lugar hace más de quinientos años los importantes rituales que dejaron su huella para que siglos después nos atrevamos a elucubrar sobre su significado y relevancia dentro de las creencias religiosas que los engendraron.

Sólo aquellos que han estado allí saben lo impresionantes y sobrecogedores que son estos parajes donde tenemos que situarnos para lograr entender la magnitud y magnificencia de lo que allí tuvo lugar, propio todo ello de una cultura muy desarrollada tanto a nivel tecnológico como político y social. La capacidad política y organizativa que tenían los Incas no sólo se percibe en el despliegue de personas y bienes por una amplia geografía con el fin de realizar un ritual, como anteriormente hemos visto, sino también en el propio despliegue de medios y tecnología para adecuar y preparar a miles de metros de altura el escenario propicio para esta ceremonia. El «acondicionamiento de la escenografía en la instancia del ritual habría constituido la justificación ideológica necesaria para la implementación de estrategias de disciplinamiento laboral, aprovechando las dificultades del trabajo físico en alta montaña.» (C. Ceruti, C. Vitry, 2000.)

¿Existirían *mitimaes* de altura, gente especializada que realizaría este tipo de trabajos? Desde la base del cerro hasta la cumbre se pueden encontrar estructuras arquitectónicas, recuperadas por la Arqueología, que responden a las necesidades surgidas del desarrollo ceremonial. «Las estructuras que se encuentran en las alturas son muy variadas en tamaño y forma, pese a ello se pueden observar algunas regularidades que, en general, las clasifica como apachetas, mojones, plataformas rellenas elevadas, pircados circulares, lineales y rectangulares; asociadas muchas de ellas con leña y, en menor proporción, con alfarería u otros elementos suntuarios.» (C. Vitry, 1997). Con evidencias claras en Chile, Argentina y Perú. Estas estructuras que se encuentran escalonadas a lo largo de la montaña indican que el ascenso se realizó en varias etapas y que sirvieron para ofrecer descanso en las duras jornadas de ascensión a las personas que participarían en el esperado ritual, hecho totalmente relacionado con la aclimatación a la altura. Una vez en la cima, el escenario estaba preparado. Las estructuras arquitectónicas allí construidas ordenaban y preparaban el espacio para el ritual, separando lo sagrado de lo profano, el lugar donde se desarrollaba la ceremonia de la zona destinada para el público que la contemplaba. Así pues, según la información recogida en las crónicas, sabemos que la comitiva que peregrinaba hasta la cumbre estaba formada por un pequeño grupo de ceremoniantes, «cachas» y un número mayor de asistentes que se situaban en el lugar adecuado para ello, muy probablemente a menor altura que los oficiantes del ritual. Asociada a estas estructuras solía encontrarse la cámara excavada donde se depositarían los cuerpos de los niños sacrificados. Las características generales de los enterramientos en cámaras excavadas parecen confirmarse como idénticas en lugares como Cerro Plomo, el Nevado Ampato y el Volcán Llullaillaco.

*Sacrificios y sacrificados.* La ceremonia de la *capaccocha* se distingue porque las personas que se sacrificaban en ella eran niños o adolescentes de ambos sexos procedentes de la nobleza de distintas partes del Tawantinsuyu. Estos niños parece que debían caracterizarse por su belleza, pureza y perfección. La alta alcurnia de los sacrificados se evidencia en la vestimenta que llevaban, *unkus, lliccllas,* mocasines, tocados cefálicos, de tejidos y colores que los identificaban como hijos de la alta nobleza y, en ocasiones, como personas ya preparadas para esta función, es decir, como *acllas,* personas dedicadas al servicio del Inca o del Sol. Las *acllas* eran instruidas en el *acllahuasi* para esta finalidad. Mujeres de la nobleza que desde muy jóvenes eran preparadas para dedicar su vida al Inca, siendo su esposa, cumpliendo otros roles sociales, o bien, siendo ofrendadas en su honor. Las familias de las jóvenes *acllas* y de todos los sacrificados en la *capaccocha* eran recompensadas por entregar a sus hijos a este destino, permitiendo que se restableciese el equilibrio social o moral perdido o pagar a los dioses por los favores concedidos, fines últimos de esta ceremonia (Duviols, 1977; Cornejo, 2001).

Este acto dramático cobraba mayor significado al ser sacrificados los hijos de familias importantes y era apreciado por todo el conjunto de la población ya que se creía que los beneficios obtenidos redundarían en el bienestar de toda la sociedad. Así pues, los familiares de los niños sacrificados eran recompensados con altos cargos dentro del sistema político y militar incaico. Tanto por el servicio social que hacían como por los beneficios que obtenían era un privilegio ser elegido para esta ocasión y tanto los familiares como los propios niños debían estar contentos y orgullosos por su elección, sin poder negarse a formar parte de la *capaccocha*.

Como ya se ha mencionado anteriormente, los sacrificios humanos no eran la ofrenda más habitual en los rituales andinos. Cuando tenían lugar se encuadraban en ceremonias muy especiales que bien podían tener una periodicidad cíclica al formar parte del ciclo ritual anual, como la celebración de los solsticios de invierno y de verano, el *Inti Raymi* y el *Capac Raymi* respectivamente, o bien responder a hechos fortuitos en ocasiones aisladas, como el coronamiento de un nuevo Inca, o fenómenos naturales de índole catastrófica, como terremotos, erupciones de volcanes, sequías, etc. Esta parece ser la causa del sacrificio de Juanita en el Ampato y de sus acompañantes en el Sara Sara y el Pichu Pichu. Entre 1440 y 1450 se fecha la erupción del Misti que arrasó la Arequipa prehispánica, mientras que el sacrificio y ofrenda de Juanita tuvo lugar en los alrededores de 1466, sugiriendo que hay alguna relación.

Como acabamos de comprobar y ya hemos visto justificado anteriormente en el análisis del mito, el cerro se reconfirma aquí como un elemento trascendental en los rituales estatales de altura. En él se sacrifican vidas humanas en honor al Inca y al Sol, debido a su proximidad con ellos, tal y como ocurría con Ayarcache en el mito recogido por Betanzos. Una vez entregada su vida a la montaña, ésta se sacralizó. Su fuerza se potenció y adquirió un significado religioso mucho mayor. De igual manera, los niños sacrificados se convirtieron en *wakas* dignas de veneración. Todos los habitantes de sus provincias les respetarían y adorarían como seres protectores, divinizados e intermediarios de los dioses.

Dentro de este contexto, se entiende que una muerte cruenta no fuera el objetivo del sacrificio. En el momento en el que se produjo la muerte, posiblemente, los niños estaban adormecidos tanto por la ingesta de sustancias narcóticas (coca) y los efectos de la chicha, como por el cansancio producido por varios días de peregrinación y de caminata ascendiendo hasta la cumbre y los efectos de la altura. En este estado sobreviene una muerte, en la mayoría de los casos, apacible, producida por asfixia, al ser enterrados vivos (como el caso de los encontrados en Llullaillaco y Cerro Plomo) depositando los cuerpos dormidos en los enterramientos (cámaras excavadas en el piso) que posteriormente eran sellados con lajas. En otros casos, como el de Juanita (Nevado Ampato), la muerte fue causada por un golpe de macana en la cabeza propiciando la muerte de esta niña adormilada por los efectos de la chicha.

*Las ofrendas.* Es importante mencionar las ofrendas encontradas junto a los cuerpos. Para ello, continuamos utilizando los datos procedentes de los ajuares de los sacrificios encontrados en el Nevado Ampato (Arequipa, Perú), el volcán Llullaillaco (Salta, Argentina) y en Cerro Plomo (Santiago, Chile), obtenidos en nuestras primeras lecturas sobre el tema.

A pesar de no tener la posibilidad de consultar los informes de excavación, algunos de los artículos publicados por los respectivos investigadores implicados, nos ofrecen la posibilidad de obtener datos de interés respecto a las ofrendas encontradas. En líneas generales, observamos que estos objetos suntuarios han sido especialmente confeccionados para este tipo de rituales de altura. En primer lugar, el tipo de materias primas elegidas y su materialización en diversos objetos nos indica claramente el estatus social de los individuos que allí aparecen, el oro, la plata, las plumas, el *mullu*,... son un ejemplo de ello. En segundo lugar, la presencia de textiles de primera calidad asociados a las víctimas humanas nos remiten nuevamente a la importancia social del tejido en el mundo andino, confirmado también por la indumentaria de muchos de los idolillos antropomorfos encontrados en estos contextos, ataviados con ricas vestimentas y lujosos tocados de plumas, vinculados únicamente a las elites. Estas figurillas humanas, hombres y mujeres, solían medir unos 15 centímetros y se elaboraban en oro y plata, presentando un aspecto general muy similar. Son frecuentes en sitios donde no hay sacrificio humano y se cree, que en estos casos, son sustitutos de la ofrenda humana encontrándose junto con ajuares en miniatura. Cuando esto sucede, se pueden introducir otros materiales como el *mullu* o la madera. No es la primera vez que esto sucede en el mundo andino, nos referimos a la representación en miniatura del ajuar de adulto. En un principio podríamos pensar que se trataba de una estrategia para reducir el peso de las mismas, al ser transportadas a grandes alturas, en algunos de los casos. Pero en otros, como por ejemplo, Cerro Plomo, aparecen conjuntamente ajuares de tamaño normal y reducido. La miniatura como tal, parece tener el mismo valor que las piezas de mayor tamaño, y que posiblemente, este valor se retomara por los incas ya que en la costa norte y para la época mochica encontramos referencias similares. Entre los elementos recurrentes en este tipo de ofrendas encontramos vasijas de cerámica ritual, que en algunos casos, como las encontradas en el Volcán Llullaillaco se conservan íntegramente y aún conservan restos de lo que contenían hace más de quinientos años (chicha, maíz). Otras figurillas que se suelen encontrar son las de camélidos realizadas en *mullu* y metales preciosos (oro y plata) e *illas* de metal o de *Spondylus*. Pensamos también que todas ellas tienen un claro contenido simbólico vinculado con las tierras altas y ecosistemas de altura, como bien evidencian las *illas* encontradas en el Ampato, junto a Juanita, que estaban envueltas en tejidos de alpaca y vicuña. Nos podríamos preguntar si bien estas figuritas de camélidos entrarían también en la categoría de sacrificios sustitutorios al igual que los idolillos antropomorfos, comentados anteriormente, ya que la presencia de llamas sacrificadas es una constante desde al menos época mochica. También en los ajuares es frecuente hallar *chuspas* elaboradas en lana en ocasiones recubiertas de plumas o en cuero, con coca, restos de cerámica, o uñas, cabellos y dientes temporales del sacrificado en su interior, como se halló en Cerro Plomo (Chile). A raíz de esta última información, sería muy interesante analizar las piezas dentales para establecer desde qué momento se empezaron a recoger, y proponer una fecha tentativa de su elección como víctima para el sacrificio. Los dientes de leche empiezan a caer entre los cinco y seis años, y bien pudieron haber sido guardados por su familia o por la institución estatal que los destinó para este ritual (Alonso Sagaseta, Castaño y de Lama, 2003).

# CAPÍTULO V

## El arte inca

La relación de los hombres andinos con la naturaleza y el profundo sentido mágico-religioso también se hace evidente en las distintas manifestaciones artísticas de esta cultura. Creaciones literarias como poemas épicos, cantos religiosos, danza, música... fueron parte esencial de las celebraciones.

El arte incaico en general se caracteriza por su sobriedad y casi hieratismo, las manifestaciones artísticas más elaboradas constituyeron la textilería, la cerámica, el trabajo en piedra y la orfebrería. Estas artes partieron de una experiencia local cuzqueña modesta pero que se fue enriqueciendo con técnicas, habilidad y tradición de muchos de los pueblos conquistados por los incas, así se llegó a un arte de gran calidad y belleza en el que la simplificación de los motivos respondía a una evolución natural.

## Cerámica

Las primeras manifestaciones de alfarería en el antiguo Perú se estiman hacia el año 1800 a.C., para la costa central y nor-central antes y para la costa norte unos doscientos años menos. Puerto Hormiga en Colombia y Valdivia en Ecuador son los centros fechados mediante Carbono-14 más antiguos,

135

entre los años 3090 y 2500 a.C. respectivamente. La cultura matriz de la civilización andina fue sin duda Chavín, iniciada aproximadamente en el año 1800 a.C., y es la tradición peruana de la antigüedad que más influyó en cuanto a forma, contenido iconográfico y en el desarrollo cultural posterior. No debemos olvidar al estilo cultural Tiwanako-Wari (dos mil años después) que estuvo patente en la cerámica posterior y que se difundió por todo el territorio peruano, y finalmente el estilo inca. Estas tres culturas que hemos nombrado forman lo que llamamos horizontes culturales por ser las más difundidas, pero en los períodos intermedios de estos horizontes encontramos otros estilos regionales importantes como Nazca, Moche, Chimú, Chancay... La expansión del estilo inca corrió paralela a la expansión del Imperio Inca pero tenemos que señalar que a este estilo Inca Imperial le antecede otro llamado Killque, que se corresponde con una evolución local cuzqueña, coetánea con la fase de formación del incario.

La cerámica inca prehispánica es tan conocida que los registros de sus cambios estilísticos y tipológicos nos sirven para establecer una cronología. Tenemos pocos datos acerca de sus técnicas de manufactura, sabemos que la producción alfarera estuvo regulada por el Estado y que existían unos oficiales especialistas de estas tareas, llamados *sañucamayoc*. Al aumentar el Imperio debido a las numerosas conquistas, la demanda de productos alfareros se incrementó de tal modo que el Cuzco tuvo que desplazar a personal para suplir la carencia. Estos emigrantes forzados son los *mitimae*, pero no sólo se necesitaron en la capital, también en otras zonas del Imperio donde se requería un mayor número de objetos manufacturados.

*La vajilla incaica.* Los datos etnográficos son fundamentales para interpretar los restos arqueológicos encontrados y así comprender y aproximarnos a la antigua cerámica incaica tanto desde el punto de vista de la división sexual del trabajo, como de los aspectos técnicos de su sistema de elaboración.

Para acercarnos al proceso de fabricación de la cerámica andina expondremos el relato del origen de ésta, narrado por D. Amarildo Cunsa, anciano chamán del pueblo de Dos de Mayo, provincia de Ucayali, recogido en 1967:

*«La Yacumana (madre del agua) reveló a los primeros padres, Teté Cina (gavilán rabioso) y Curi Viri (brillo del oro), los secretos para hacer cerámica. Les dijo: "En primer lugar debes seleccionar la arcilla según el objeto que quieras hacer. No puedes fabricar todas las vasijas con el mismo material. Si son tinajas, la arcilla debe ser de color claro, si son ollas, el barro será más oscuro y más áspero. Además para cualquier vasija el barro no debe tener arena, porque ésta hará de intrusa durante la quema. El barro que uses deberás amasarlo y mezclarlo en partes iguales, con el polvo de la corteza quemada de la apacharama. Esta ceniza le dará dureza e impermeabilidad a la arcilla y la hará resistente al fuego durante la cocción. Cuando todo esté preparado tomarás esta masa y harás una pequeña base circular. Entonces, a su contorno irás enroscando rollos delgados del mismo barro, dándole la forma que mejor te parezca. Cuando hayas terminado, con mucho cuidado igualarás los contornos ásperos de tu obra. Estando así la dejarás reposar durante tres o cuatro días. Después procederás a pintarla con arcillas de color, dibujando los dibujos de tu vestido. Lo secarás al sol por varios días y luego lo asarás en hornos que harás de ramas secas, apilando las vasijas a su contorno. Cuando los objetos tomen un color rosado los sacarás. Finalmente esmaltarás la superficie bañándola con lacre. Si tu obra es tinaja le darás por dentro una mano de copay para que no filtre el agua y tenga mayor duración"».*

Para los grupos que integraban el Tawantisuyu la alfarería pasó a ser una especialización artesanal orientada a la producción en masa y se convirtió en una actividad exclusiva de hombres que elaboraban un producto especializado que cubría la demanda de las elites incaicas. En los Andes prehispánicos no se conoció el uso del torno para la elaboración de la cerámica, utilizaron el molde que permitía realizar una fabricación artesanal en masa.

Los incas dieron un carácter propio y original a su arte, basado en la simplificación de las formas mediante volúmenes sencillos de los cuerpos geométricos y de una esquematización de los motivos decorativos, con una estética geométrica.

Como es natural, hay que distinguir entre la vajilla doméstica y la de uso ceremonial. La primera está compuesta por tinajones, arcas, cántaros, tazas, vasos, ollas, platos, tostadores de maíz..., mientras que la ceremonial se distinguía no sólo por sus formas básicas, sino por su mejor acabado, la ornamentación y por no presentar signos de desgaste o restos de hollín. Esta última ha llegado a nosotros en muy buenas condiciones dado su carácter de ofrenda en enterramientos. El menaje incaico ha estado ligado siempre a formas utilitarias que conllevan volúmenes sencillos, por lo que resultan poco habituales las vajillas escultóricas antropomorfas.

Como ya hemos dicho anteriormente la cerámica estuvo ligada al mundo de las creencias, no sólo presente en la iconografía de las paredes de las vasijas, sino que las piezas mismas eran ofrendas en las tumbas.

*Técnicas, formas y decoración.* Como hemos mencionado con anterioridad, en los Andes no conocieron el uso del torno, pero no tuvieron problemas a la hora de imprimir las formas esféricas a sus piezas. Conocemos dos tipos de técnicas, el modelado a base de rollos y la utilización del molde. El primero ya lo conocemos por el relato de D. Amarildo de Cunsa; el segundo consistía en la realización de moldes de arcilla que constaban de dos partes de las que de cada una se obtenía media vasija, posteriormente se unían cuando estaban secas y se le añadían asas, decoraciones...

Lo fundamental era buscar tierras arcillosas, pero para que la pieza fuera fuerte necesitaban otras sustancias que actuasen como temperantes para conseguir la consistencia deseada, como arena, concha molida... y evitar agrietamientos en los restantes procesos de deshidratación. Los métodos de cocción eran el horno abierto o de oxidación y el horno cerrado o de reducción; cada uno de ellos dejaba su sello en la pieza, una tonalidad distinta, el primer tipo daba productos de tonos claros y el segundo, oscuros.

Para los andinos las piezas no perdían nunca su función de utilidad, y eran concebidas para ello, incluso las que iban destinadas a las tumbas que seguían manteniendo ese carácter utilitario.

Las piezas incaicas se caracterizan principalmente por sus formas equilibradas, su magnífico pulimento y la abundancia de decoración geométrica. En cuando al universo cromático, los alfareros utilizaban negros, blancos, rojos, naranjas, amarillos, aunque lo normal eran los tonos oscuros que dan un aspecto sobrio a la pieza y a la propia decoración. Los motivos más recurrentes son los geométricos, finos y pequeños, y tienden a guardar equilibrio y simetría en consonancia con la pieza. Encontramos rombos, cruces, triángulos, figuras ajedrezadas... comunes también en la decoración textil. Pese al absoluto predominio de los motivos geométricos, también encontramos estilizaciones de aves e insectos, motivos vegetales y, aunque en menor grado, también serpientes y figuras antropomorfas. La simetría se aplica a las piezas, igual que a la vida andina: dividen el espacio en dos zonas decorativas iguales y el eje que determina esas mitades se cruza con otro en ángulo recto, dando lugar a una cuatripartición del espacio decorativo. En algunas ocasiones aparecen formas escultóricas aplicadas, como mangos zoomorfos de algunos platos. También de manera complementaria, aparecen pequeñas aplicaciones y el paleteado o sellado de las paredes de lo que se obtienen dibujos en relieve. En cuanto a la decoración pictórica, los colorantes eran aplicados directamente sobre la pieza, y en algunos casos mediante la técnica del negativo.

El *aríbalo* aparece como un nuevo tipo en la cerámica inca, también son corrientes las vasijas globulares de cuello alto y con un asa lateral, cuencos y platos con un mango modelado en forma de animal.

El *aríbalo* es llamado así por su parecido con el griego. Es una vasija globular de base cónica, cuello cilíndrico de borde evertido con un apéndice zoomorfo en el arranque del cuello y dos asas en forma de lazo. El tamaño varía de unas a otras variando desde metro y medio de altura, hasta los modelos miniatúricos de apenas un centímetro. Las grandes funcionan como depósitos que se sujetaban sobre hoyos hechos en el suelo, mediante una cuerda se podían girar e inclinar para vaciar su contenido que solía ser chicha (licor de maíz fermentado). El transporte de estas vasijas era cómodo ya que mediante una cuerda que se introducía por las asas, y apoyada en el apéndice zoomorfo, se colgaban a la espalda manteniéndose siempre erguidas. Solían utilizarse en ceremoniales a los cerros, a la Pachamama... para que cuidasen la fertilidad de la tierra y la conservación del ganado.

Los *keros* también son característicos en la cerámica incaica. Su origen se remonta a épocas anteriores a los incas y éstos lo adoptaron como parte de su vajilla dándole características decorativas propias, como hemos de suponer, de carácter geométrico (motivos almenados o la greca incaica). Es fundamentalmente un vaso ceremonial que utilizaban el Inca y la nobleza. Se llenaba de chicha y se alzaba para beber en homenaje en el advenimiento de un nuevo Inca, o en otras ceremonias de gran importancia social o política.

Los platos eran otra pieza fundamental en la alfarería inca. Tenían un asa-mango rematado en una cabeza de animal, en la superficie interior llevaban decoración geométrica entremezclada con elementos naturalistas. Se utilizaban para contener ofrendas como la hoja de coca, que se quemaban y ofrecían a los dioses y a las *huacas* en numerosos rituales.

Las vasijas escultóricas, antropomorfas y zoomorfas son poco frecuentes; se trata de objetos ceremoniales (*pajchas*) utilizados para libaciones rituales con agua o chicha, y servían como vehículo, no como contenedor. Son comunes las vasijas globulares de cuellos evertido y base plana, adornadas con motivos geométricos (similar al de los *aríbalos*), y también las jarras de cuerpo globular y base plana.

## Arquitectura incaica

La arquitectura incaica destaca visualmente por su belleza y la sencillez de la sillería, ya sea en el trabajo de los cantos rodados como en el grabado de la roca firme. Técnicamente llama la atención la precisión del corte y el tamaño de los propios sillares, tanto es así que algunos «investigadores» lo han atribuido a seres del espacio.

Son un misterio los métodos empleados para conseguir las obras de cantería inca, pero en las canteras y en los propios sillares encontramos numerosos datos que nos acercan a ellos. Los bloques de piedra se modelaban en la roca base o se cortaban fuera de ella. Las herramientas utilizadas eran de gran sencillez; empleaban martillos de piedra, cuerdas y troncos. Tras observar los sillares, nos damos cuenta de la existencia de muescas en la superficie, que indican que la forma se conseguía mediante el golpeo. También sabemos que los trabajaban en un primer momento en las canteras para acabarlos posteriormente *in situ*. Se han encontrado sillares sin terminar en las canteras y a lo largo de los caminos que llegan a ciudades incas, lo que se ajusta a esta teoría. Existen marcas de abrasión en las rocas, lo que hace pensar que eran trasladadas con cuerdas. En ocasiones, además del golpeo de los bloques, se pulimentaba la roca y se grababa al final.

Una de las características que han hecho famosa la sillería incaica es la creación de aristas biseladas que la dotan de gran belleza, aunque es posible que puedan ser resultado de la técnica de preparado, y que sus ángulos hubieran contribuido a evitar la fractura de las aristas durante el transporte y el manejo de la roca.

Una de las incógnitas que persiste en la arquitectura de los incas es la perfección y precisión en la adaptación de los bloques, entre los que no se puede introducir ni una hoja de papel, al igual que no sabemos de qué manera instalaron los bloques ciclópeos. Tanto Vincent Lee como Protzen concluyen que en Saqsawaman y en otros lugares, la hilada superior se disponía antes que los sillares situados debajo, a los que se les daba forma para que recibiesen encima a los otros. Estas hiladas superiores se levantarían con rampas de tierra y los sillares estarían apoyados en andamios construidos con troncos, seguramente con un buril se marcarían los contornos del bloque superior para ajustar así los inferiores. Tras este proceso conseguirían que concordasen los sillares y procederían a colocarlos en sus respectivos lugares.

Dada esta manera de concebir la cantería sería todo un reto la construcción de paredes realizadas con hiladas regulares de sillares, como las que encontramos en la famosa pared curva del Qorikancha.

Uno de los resultados más fascinantes de la arquitectura incaica es su adaptación a los temblores de tierra que frecuentemente golpean la zona andina, tal y como podemos comprobar en muchos de los muros incaicos que todavía hoy podemos admirar y que no muestran efecto alguno de los movimientos sísmicos. Estas obras de ingeniería, como son las construcciones incaicas, nacieron de bocetos, planes y maquetas (que encontramos en numerosos museos de Perú) y para las que contaron sin duda con sistemas como balanzas y medidas antropométricas (brazos, pies, pasos, palmos...).

*Ciudadela de Machu Picchu (Perú). Templo de las tres ventanas.*

Podemos diferenciar varios tipos de paredes en la construcción incaica, que expondremos a continuación:

• Rústico o «Pirka»: realizado con piedras ásperas talladas y ubicadas con mucho cuidado, los espacios entre ellas están rellenados con piedras pequeñas y barro. Este tipo se utilizó sobre todo para la construcción de terrazas, almacenes y casas de la gente común.

• Celular: estructura que se asemeja a la de un panal de abejas, realizada con piezas poligonales pequeñas. Encontramos ejemplos en Qolqanpata, Chinchero o Tarawasi.

• *Enchansed*: realizado con piedras ígneas. Los principales ejemplos los encontramos en el Templo Principal de Ollantaytambo, en el templo de las Tres Ventanas de Machu Pichu o en el Hatun Rumiyoq de Cuzco.

• Sedimentario o Imperial: realizado básicamente con piedras medianas de altura regular y dispuestas en filas horizontales, dan la impresión de ser totalmente rectangulares. Forman junturas pulidas y perfectas. En algunos casos se encuentra una fina pantalla de arcilla que parece haber sido dispuesta para favorecer la manipulación de los sillares.

• Ciclópeo: al que también conocemos como megalítico, caracterizado por la utilización de enormes rocas que pueden alcanzar los 8,5 metros de alto, como las que vemos en Saqsawaman.

También debemos resaltar la construcción de los techos, realizados con técnicas muy cualificadas. Para su elaboración se utilizaban vigas de madera cubiertas con paja o ichu. Según la forma podían ser de distintas maneras, de un agua, de dos, de cuatro y los cónicos. A simple vista parece que no tienen nada de sobresaliente, pero encontramos techos que cubren un área de 23 metros. Debido a los materiales utilizados y las inclemencias meteorológicas, los techos debían ser reconstruidos cada tres o cuatro años, por lo que no encontramos los techos originales.

## Escultura

Los investigadores consideran que los incas nos han dejado un vacío en este campo ya que apenas han aparecido grandes esculturas incaicas, pero si han llegado a nosotros multitud de objetos que fueron trabajados de forma que podemos calificar como escultórica.

Consideramos un objeto escultórico aquel que tiene dos componentes, materia y representación. La primera, encontramos varios materiales: barro, piedra, metal, madera...; la segunda, figuras antropomorfas, zoomorfas, fitomorfas... También debemos considerar un enfoque antropológico, añadiendo utilidad y función. A estas alturas tenemos que hacer una diferenciación entre la escultura monumental y la funcional. Dentro de esta escultura monumental encontramos una cabeza antropomorfa, de incalculable valor, que en cuanto a la técnica de su tallado encontramos la existencia de dos cinceles distintos, uno de ellos muy fino capaz de representar rasgos refinados, y otro muy inferior. En esta cabeza encontramos atributos de la realeza como el *llautu* y la *mascaipacha* que porta como tocado. El *llautu* es un largo cordón rectangular de lana, que da varias vueltas a la cabeza del que pende lateralmente la *mascaipacha* o borla que lucían los monarcas incas. Se comprobó que tales tributos no son exactamente representados, y se pensó que quizá fuese la representación de un noble por lo que se intuye fueron unas grandes orejas de las que debieron pender las orejeras que utilizaban los nobles. Es posible que esta pieza no tenga carácter de retrato particular, sino que sea un retrato tipo, como anteriormente hizo la cultura moche.

Los cronistas nos relatan la existencia de algunas estatuas representativas de dioses, pero es muy difícil seguirles la pista gracias al celoso trabajo de los extirpadores de idolatrías.

*Amuletos e ídolos.* La tradición Tiwanaku-Wari desarrolló con un nivel sobresaliente el trabajo en piedra; más tarde serán los artesanos incas los que cojan el testigo de trabajar con destreza ese material, aplicando un estilo propio a sus creaciones. Es la imagen del felino el motivo más importante, trabajada especialmente en piedra negra, aunque también representaron saltamontes, llamas... Las llamas también se trabajaron en concha.

La figura humana se representó en diversos materiales como la piedra donde adquiere cierto simbolismo por el tratamiento esquemático con que es tratada, son más bien figuras antropomorfas y no humanas. La imagen más realista por su contenido es la representación de un feto dentro de un recipiente triangular que simboliza la matriz, de lo que destacamos el conocimiento del cuerpo humano de estos artistas andinos.

En la orfebrería encontramos mayor realismo en cuanto al tratamiento de la figura humana, por los trazados y las formas ya que liberan las extremidades del cuerpo y en la búsqueda en las curvas del rompimiento del hieratismo.

## Objetos de adorno personal

Los objetos de aderezo personal son símbolos de riqueza y calidad, ligados a la clase dominante. En los *Comentarios Reales de los Incas*, Garcilaso de la Vega nos dice que el oro y la plata se destinaban al adorno y servicio de los templos del Sol. Por tanto, estos objetos eran destinados a la elite y al Inca. Los nobles de menor rango que hacían uso, aunque limitado, de estos objetos, era por privilegio dado por el Inca.

Este arte, considerado menor, tenía los rasgos definidos oficialmente (igual que en el resto de manifestaciones artísticas), pero en él encontramos ciertos rasgos «personales» heredados de tradiciones anteriores. Durante la expansión del Imperio Inca se ocuparon territorios con tradición cultural propia y personalidad estética diferenciada. En el período de dominación, artesanos que siguieron trabajando en sus localidades de origen dieron paso a un arte inca provincial, pero otros fueron trasladados al Cuzco, a barrios que trabajaban para la casa real, donde imprimieron los rasgos de sus tradiciones originales.

Dentro de los materiales empleados, encontramos textiles, metales, conchas de molusco, hueso, piedras preciosas y semipreciosas.

El tejido, de lana y algodón, cuenta con una larga tradición andina. Poseían un gran conocimiento sobre plantas tintóreas y una maravillosa técnica de entretejer trama y urdimbre, dando lugar a vistosos diseños con una variada combinación cromática. El color y la geometría son elementos básicos en la estética de los tejidos. Dividen el campo en franjas o cuadrados, ocupados por dibujos lineales, predominando la línea recta o quebrada. Existe una variada gama de símbolos y combinaciones que no hacen aburrido el diseño de la tela. Seguramente existe algún significado ideográfico o alfabético en estos diseños, pero nosotros lo desconocemos.

El tejido inca está enraizado en las técnicas costeñas. La cultura Paracas (500 a.C.) ya realizaba disposiciones a base de bandas con grecas y más tarde culturas como Nazca, Moche, Wari, Chancay, Chimú... Al igual que el encasetonado que tendría su precedente en Wari y posteriormente en Chancay y otros. Lo que hace peculiar al estilo inca es la ausencia de representaciones zoomorfas o fitomorfas en las decoraciones textiles, a diferencia de las culturas anteriormente mencionadas. Destacan los motivos en «S» (seguramente relacionados con la serpiente dinástica incaica), y de estrella (en relación con el rompecabezas o maza de guerra inca).

Seguramente el esquema decorativo empleado en los textiles influyera en otras manifestaciones artísticas, como por ejemplo la cerámica pintada con decoración geométrica.

Un tipo de tejido de gran belleza es el realizado con plumería, confeccionado a manera de tapiz de nudos en los que se atan los cañones de las plumas. La gama cromática es inigualable gracias al contraste de los colores de las aves exóticas. Otro tejido de gran belleza es el de chaquira, elaborado con diminutas cuentas perforadas de metal precioso o de piedras duras, con diseño decorativo plano o geométrico muy sencillo.

Los tejidos más finos y mejor decorados tenían como destino el vestido del Inca y la elite, así como complementos del estilo de bolsas, cordones, banderines...

Los objetos de metal son importantes en el adorno personal; son habituales las láminas y los *tupu*.

Las láminas repujadas y/o caladas de oro y plata se cosían a la tela de la indumentaria; predominan en ellas la decoración geométrica, aunque encontramos también ejemplos de motivos antropomorfos y zoomorfos. También existen láminas con decoración historiada en las que los personajes toman posturas estáticas, dominando el principio de frontalidad. La falta de movimiento y la simplificación de las formas es una constante en las representaciones figurativas del arte inca en general.

Los *tupu* o prendedores son objetos utilitarios ligados al aderezo personal; su función es abrochar las prendas de vestir, como por ejemplo los mantos femeninos. Los incas pusieron de moda un tipo metálico muy sencillo, consistente en un alfiler cuyo remate era una lámina de gran desarrollo y forma variable que va desde el círculo hasta una sección de éste, generalmente sin decoración y los que encontramos decorados, motivos geométricos muy simples. Se elaboran con oro, plata, bronce y cobre.

El alfiler de cabeza circular o en abanico, es típicamente cuzqueño y lo encontramos, arqueológicamente hablando, desde Ecuador hasta el norte de Chile, noroeste de Argentina y Altiplano boliviano, en todos los niveles de ocupación inca.

Otras culturas del Período Intermedio Tardío como Chimú o Chancay, elaboraron prendedores rematados por una figura humana o de animal.

En la indumentaria ceremonial encontramos ricos y vistosos tocados que combinan el tejido, la plumería y el metal precioso. Metal, hueso, concha y piedras fueron utilizados, solos o en combinación, para la elaboración de objetos de aderezo personal como collares, pulseras, colgantes, pendientes, brazaletes... Existe la duda en cuanto a si los colgantes con representación de animales o figuras humanas eran objetos de aderezo personal o más bien ritual, para ser utilizados como amuletos u ofrendas.

En estos objetos de adorno personal encontramos las características propias del Arte Inca Imperial: la sobriedad, el geometrismo y la síntesis formal. Sin perder de vista su funcionalidad, aunque puesta al servicio del poder de un sector minoritario de la sociedad incaica en el que recaían todos los privilegios.

### El arte provincial

Este apartado lo trataremos desde el punto de vista del cambio cultural surgido desde la instauración del poder incaico, de las poblaciones andinas que sufrieron la expansión del Tahuantinsuyu.

Pocos son los estudios que determinan la interacción surgida entre las culturas locales y la cultura inca, ya que se ha preferido estudiar la cultura dominadora por la abundancia de documentación escrita por los europeos. Normalmente se han centrado en la historia, abandonando otros ámbitos de investigación como el arte o la arqueología, sobre todo dirigidos a los rasgos más característicos de cada grupo étnico. Existió una autonomía indígena que se fue transformando paulatinamente por la presión ejercida desde el poder inca, no sólo por la acción de los *mitimaes* que desfiguraron la composición cultural precedente, sino por la instauración en muchos casos de poblaciones enteras en los lugares estratégicos, donde implantaron los modelos de vida, los gustos y las formas de los cuzqueños. Veamos el ejemplo a continuación de la cultura Chimú.

*Chimú* fue una cultura dominante en el norte del Perú desde la retirada de influencia de la cultural Tiwanaku. Reino militarista que abarcó desde Tumbez (Ecuador) hasta cerca de Lima. La capital del reino Chimú fue Chan-Chán (1100 d.C.) que poseía construcciones palaciegas fechadas en los siglos XIV y XV. La ciudad estaba construida dentro de una muralla rectangular, con un trazado urbano simétrico que poseía calles, almacenes, jardines, templos y necrópolis. Los edificios estaban adornados con relieves, algunos pintados, otros con decoraciones de planchas de plata.

La cerámica chimú posee una dependencia clara de sus antepasados mochicas, aunque obviamente inferiores. Un detalle identificador de las piezas cerámicas es un pequeño animal, generalmente un mono, colocado en el ángulo donde se juntan la parte curva del asa y la vertedera en las vasijas.

Los rasgos característicos de esta cultura fueron alterados hacia 1470, momento en que el inca Tupac Yupanqui vence al reino chimú, reduciendo a los habitantes a la condición de vasallos. Los cambios que esta invasión origina, influyeron también en la producción artística aunque sin llegar a abandonar definitivamente su estilo. Existirá un intercambio artístico que podemos ver en distintas piezas cuya forma aribaloide es de tradición incaica, pero que conserva las superficies negras típicamente chimúes. También se hace patente la influencia inca en la aparición de modelos geométricos, de origen textil, mientras que los autóctonos estaban acostumbrados a las formas escultóricas y al realismo.

La orfebrería era sin duda un arte que los chimúes dominaban. La técnica más empleada es la de unir finas hojas de metal repujadas, aunque también practicaron la fundición en moldes.

El objeto de más éxito es el *tumi* o cuchillo ceremonial, formado por un mango y una hoja de media luna. Se podía realizar de un solo metal o mediante la combinación de dos:

plata, oro, bronce y cobre. En los *tumis* elaborados en época chimú-inca se incorporaron los motivos geométricos al repertorio iconográfico, realizados a veces con la técnica del nielado (embutir un metal en otro).

Tras la invasión inca, lo que encontramos es un arte que combina lo chimú y lo inca, sin que los primeros perdiesen el gusto por las formas escultóricas y los metales, y adoptando otros elementos imperiales. Este intercambio cultural se vio facilitado por el traslado de artesanos costeños al Cuzco.

# CAPÍTULO VI

## INVASIÓN

Francisco Pizarro, en noviembre de 1532, había conseguido reunir los recursos necesarios, hombres y el atrevimiento suficiente para ascender los Andes camino de Cajamarca, donde se encontraba el príncipe Atahualpa. También el Inca conocía la existencia de estos invasores por las acciones de pillaje y los asesinatos que los españoles habían cometido en la costa.

Los españoles llegaron a Cajamarca el 15 de noviembre y se hicieron notar entrando en la plaza del centro de la ciudad. Se dirigieron a hablar con Atahualpa pero éste sólo se dignó a hablar con Hernando Pizarro, por ser hermano del gobernador. Tras esta charla el príncipe les invitó a comer con él, aunque declinaron su oferta y sólo aceptaron una bebida.

Ambos bandos optaron por aparentar un trato amistoso, encubriendo así sus intenciones de emprender una acción militar. Los españoles por su parte, esperaban un momento propicio para empuñar sus armas, mientras pedían a Atahualpa que declarara su obediencia al rey de España. La arquitectura incaica y la planificación de la ciudad les ofrecían un magnífico escenario para ocultar sus intenciones, y aprovecharon esta ventaja para esconder la artillería, hombres y caballos en el interior de los edificios y estacionarse en las entradas a la plaza. El Inca, por otro lado, también tenía la intención de tomar a los españoles como prisioneros, pero nunca pensó que no lo conseguiría.

El 16 de noviembre Atahualpa hizo su entrada en la plaza al final de la tarde, vestido con elegantes y ricas túnicas y trasportado en una lujosa litera adornada con plumas de loro y con láminas de oro y plata. Estuvo acompañado de algunos de los señores de más alto rango de la tierra y por varios miles de miembros de su guardia personal, más los integrantes de su corte que se fueron reuniendo en la plaza. Al no ver a ningún español pensaron los andinos que el miedo se había apoderado de ellos, hasta que Vicente de Valverde, un fraile dominico, acompañado por el intérprete Martín, se acercó al Inca y le explicó que había sido enviado para revelar la palabra de Dios a su pueblo y le entregó un breviario cerrado. Tras una breve conversación Atahualpa arrojó el libro al suelo y subió a la litera para preparar a sus hombres, sin imaginarse que Valverde gritaría para que los españoles escondidos vengaran la afrenta realizada a la palabra de Dios.

Pizarro dio la orden de cargar un cañón dirigido a la plaza llena de gente, mientras que los españoles, bien armados, protegidos con poderosas armaduras y montados a caballo, lanzaron su ataque sobre todo andino que se encontraran a su paso. La matanza fue tremenda: tras dos horas de combate murieron aproximadamente siete mil andinos y ningún invasor. Atahualpa fue capturado personalmente por Pizarro. El control que los españoles impusieron tras esta tarde negra era tan férreo, que Pizarro no temía a los incas y decidió invitar al príncipe cautivo a cenar con él.

Pronto se hizo patente la pasión que los invasores sentían por la plata y el oro. Por ello Atahualpa ofreció un inmenso rescate a cambio de su libertad. Este gran rescate, compuesto de metales preciosos, se reuniría durante dos meses, tiempo que ambos bandos aprovecharían para preparar sus futuras acciones y conocer mejor al enemigo; por este motivo Pizarro aceptó el trato. Los hombres de Pizarro necesitaban movilizar refuerzos desde Panamá para poder atacar Cuzco, así que este tiempo era vital. Atahualpa mientras tanto dirigía sus asuntos de Estado desde el cautiverio y planeaba la venganza tras su liberación de los españoles.

Tras ocho meses de espera, los españoles advirtieron la posibilidad de explotar las divisiones existentes entre las dos facciones incaicas, la de Atahualpa y la de Waskhar; al igual que aprovecharse de los resentimientos de muchos súbditos del Inca cansados del yugo imperial, que vieron en los españoles su salvación. En esta espera Pizarro envió varias expediciones, una a Cuzco y otra a Pachacamac; la primera se entrevistó con el encarcelado Waskhar, a quien no liberaron; la segunda, dirigida por Hernando Pizarro destruyó el oráculo de la costa y a su vuelta de Cajamarca asesinaron a Challcochima, general de Atahualpa. Ambas expediciones regresaron con numerosos objetos de oro que aumentaron la idea de la riqueza del Imperio Incaico.

En abril de 1533, Diego de Almagro, compañero de Pizarro, regresó de Panamá con refuerzos dispuestos a conquistar ese pueblo con tanto oro. Tras estos meses Atahualpa se dio cuenta de que los primeros españoles sólo habían sido una avanzadilla de lo que venía después, viendo mermadas sus posibilidades de ser liberado.

A finales de julio, el rescate prometido por el príncipe se completó y se fundió, pero los españoles necesitaban nuevas acciones. Así, constataron la existencia de un rumor que apuntaba a que Atahualpa había ordenado a Rumiñahui que avanzara hacia Cajamarca para liberarle, lo que provocó dos reacciones distintas; la de los recién llegados con Almagro, que veían a Atahualpa como un peligro que había que eliminar; y la de los de la expedición inicial, que estaban menos dispuestos a asesinar al príncipe. El propio Pizarro prefería mantener con vida al Inca mientras avanzaban hacia el Cuzco, pero al final decidió ejecutar a Atahualpa. El sábado, 26 de julio de 1533, tras un apresurado juicio, Atahualpa fue considerado convicto de traición y condenado a la pena de garrote, salvado de ser quemado al alto precio de aceptar el bautismo.

La muerte del Inca causó un gran impacto, no sólo por la propia muerte, sino por el funeral poco elaborado ceremonialmente y por ser de carácter cristiano. Sin duda fue un atentado contra las creencias y el nivel social del personaje. Incluso Carlos V se sintió ultrajado por la manera en que un soberano había recibido muerte; por este motivo, Pizarro fue llamado a rendir cuentas y obligado a defenderse por sus actos. Entre los diversos grupos andinos la muerte del monarca fue recibida de distintos modos, algunos con alegría y los partidarios de Atahualpa con desolación y cólera. Una de las consecuencias fue que ahora ya no había impedimento alguno para que los incas atacasen a los españoles y librar la tierra de los invasores.

El resultado fue que tras la muerte de Atahualpa, los incas se habían quedado sin soberano y los españoles sin un líder reconocido a quien utilizar para gobernar en la sombra. Para remediar esta situación, Pizarro instaló en el poder a uno de los hermanos de Waskhar, Thupa Hualpa, como soberano títere. Tras esta dirección tomaron rumbo a Cuzco y en Hatun Xauxa encontraron la primera resistencia, que hizo patente la división que existía en los Andes; mientras el ejército de ocupación de Atahualpa quemaba la ciudad y ofrecía resistencia, el pueblo nativo *xauxa* y *wanka*, partidarios de la causa de Waskhar, se divertía. Los grupos locales se aliaron con los españoles y les proporcionaron los suministros de los almacenes reales. En esta estancia los españoles sufrieron un revés tras la muerte por enfermedad del nuevo soberano inca, lo que provocó intrigas por lo complicado de la sucesión incaica.

La muerte de Thupa Hualpa no frenó el camino al sur de los españoles, pero una avanzadilla sufrió la primera derrota cuando se aproximaban al Cuzco. Tras lograr resistir una larga noche llegaron los refuerzos y siguieron su camino. Los hombres de Pizarro llegaron a la capital el 15 de noviembre de 1533.

El problema más inmediato de los españoles una vez que habían llegado a Cuzco era el vacío de poder tras la muerte del último inca, pero la solución llegó pronto ya que uno de los hijos de Hayna Qhapaq (Manco Inca) que había escapado a la matanza de Kusi Yupanki ordenada por Atahualpa, y la aparición de los españoles le dio la oportunidad de reclamar el trono y ofrecerles esa figura títere que necesitaban los invasores. Los españoles siguieron su línea de actuación y una vez en la capital, se asignaron los palacios y otros edificios y despojaron a la ciudad de su riqueza. En diciembre de 1533 Manco Inca fue nombrado Sapa Inca con toda la pompa ceremonial que caracterizaba estos actos, y tras un mes de festejos los españoles y el nuevo Inca se embarcarían en un difícil cogobierno del país.

Difícil tarea la del cogobierno: el nuevo Sapa Inca tenía dificultades por no encontrar todo el apoyo en los incas de la ciudad, y los españoles se encontraban inmersos en sus disputas y en la imposibilidad de pacificar aquellas tierras. El resultado fue enviar a Almagro para completar la conquista de los Andes meridionales. Mientras tanto el Inca se dio cuenta de que su estatus nunca llegaría a ser igual que el de los españoles, que sólo conseguiría seguir siendo un soberano títere, por lo que decidió asumir el liderato de la resistencia inca. Así, huyó de Cuzco y reunió un ejército para expulsar a los españoles de todo el territorio. La resistencia alcanzó sus frutos en 1536 cuando dos ejércitos se reunieron en el asedio a Cuzco y para atacar la recién fundada Ciudad de los Reyes (Lima). Los incas tomaron Saqsawaman para repeler los ataques directos, pero fueron expulsados de ella por una hueste encabezada por Juan Pizarro (que perdería la vida en el asalto). Los españoles sobrevivieron al asedio de la ciudad por las exigencias del ciclo agrícola, ya que los soldados también eran campesinos y tenían que atender los campos de sus lugares de procedencia.

Las victorias españolas fueron fruto de varios factores históricos, tecnológicos y culturales. Desde el punto de vista histórico, los incas de Cajamarca subestimaron al pequeño grupo de invasores, y por otra parte, una vez muerto Atahualpa, muchos pueblos andinos estaban deseosos de aliarse con los españoles para cobrar venganza por la sangre derramada de muchos seguidores de Waskhar. Tecnológicamente hablando es obvia la ventaja de los españoles, no sólo por las armas, sino por los caballos que suponían una clara ventaja inicial, aunque los incas aprendieron pronto a cavar pozos en campo abierto y a limitar ese tipo de enfrentamientos, propiciando los combates en zonas quebradizas que les favorecían y anulaban así la ventaja de los caballos. Pero estas tácticas sólo supusieron la prolongación del conflicto. También encontramos varios elementos culturales que fueron en contra de la victoria de los incas, uno de ellos fue la personalizada y deificada naturaleza del liderazgo incaico, lo que hizo que al ser tomado como rehén por los españoles, sus subordinados quedaran incapacitados para iniciar un ataque militar; es más, al morir Atahualpa también murió la existencia de un líder que unificase la resistencia. En segundo lugar, la práctica andina de movilizar a soldados campesinos y pastores hizo imposible mantener la presión sobre los españoles, deteniendo el movimiento de resistencia.

Tras las primeras derrotas los incas trasladaron la resistencia hacia las selvas orientales o a la clandestinidad. Consiguieron mantener un Estado independiente en Vilcabamba, a unos doscientos kilómetros de Cuzco, fundado por Manco Inca, quien ofreció a los incas un refugio seguro e ideó planes para recuperar las tierras perdidas, un lugar donde podían ser libres. Durante décadas prepararon campañas de hostigamiento a los españoles y castigos a los colaboradores andinos mediante incursiones y matanzas, primero con Manco Inca y luego con sus sucesores, Titi Kusi y Thupa Amaru. Vilcabamba cayó finalmente tras una expedición organizada por el virrey Toledo, quien creía que la existencia de un estado independiente incaico era una afrenta insufrible para la corona española. Thupa Amaru, último soberano inca, cayó prisionero y fue llevado a Cuzco, donde se le consideró culpable de traición y fue condenado a muerte. Muchos españoles intercedieron para salvarle la vida, pero Toledo estaba convencido de que era la única manera de erradicar la rebeldía incaica. El 24 de septiembre de 1572, el último soberano de los incas, último del linaje que había descendido del Sol para gobernar aquellas tierras, fue decapitado.

Mientras los incas conserban esta independencia en la zona oriental, los españoles se mataban entre ellos en una serie de guerras civiles. Francisco Pizarro, gran artífice de la destrucción del imperio del Tawantinsuyu, fue nombrado gobernador de los nuevos territorios, cargo que no le duró mucho. Las desavenencias entre Pizarro y Almagro no tardaron en surgir ya que este último le arrebató Cuzco en 1537 y puso a Paullu Inca como soberano títere, época que duró poco ya que Almagro fue muerto por Hernando Pizarro al año siguiente, pero sus partidarios le vengaron matando al propio Francisco Pizarro en 1541. La década de 1540-1550 estuvo protagonizada por numerosas insurrecciones de españoles que fueron sofocadas por la llegada de España de nuevos funcionarios, que traían el encargo de imponer la paz a esas tierras convulsas.

A partir de 1540 los españoles realizaron una serie de inspecciones de sus nuevas posesiones y otros documentos que proporcionaron datos de la vida posterior al dominio incaico y anterior a la época de la administración colonial. Las guerras civiles, los trabajos forzados y las epidemias mermaron la demografía de los pueblos andinos, de hecho, en los cuarenta años siguientes a la invasión, la población descendió un cincuenta por ciento aproximadamente. Durante los primeros años de dominio colonial se concedieron muchos pueblos nativos a soldados españoles a título individual, quienes trataron como vasallos a los pobladores de éstos: simplemente eran una fuerza de trabajo para el enriquecimiento particular. El ya conocido abuso de la población nativa por parte de los invasores unido al robo de sus tierras, a la cada vez más fuerte carga impositiva, la muerte en las minas, y la destrucción del modo de vida andino, dio lugar a una etapa negra en el Tahuantinsuyu. Esta situación hizo que la Corona y algunas instituciones religiosas se «interesasen» por el bienestar de la población andina modificando una estructura política que intentó resolver las disputas que diariamente surgían entre ellos; se realizaron múltiples reclamaciones para recuperar las tierras de sus antepasados.

Para poner orden, la Corona envió virreyes y paulatinamente se instauró una administración civil, que hizo que en algunos casos los funcionarios se sensibilizaran con la cultura andina. Uno de los administradores que destacamos por su labor fue Juan Polo de Ondegardo, magistrado cuzqueño que nos ha proporcionado un gran conocimiento sobre la organización política incaica, sobre su economía, religión y costumbres, incluso el culto existente a las momias de sus antepasados. Las reformas más amplias se dieron bajo la administración del virrey Toledo, 1570-1572. Entre los cambios encontramos la política de reducción o reasentamiento de los pueblos nativos fuera de sus comunidades a zonas más próximas a los centros de los españoles, donde era más difícil rebelarse contra el nuevo poder español. La desaparición del Estado independiente neoincaico de Vilcabamba y las reformas del virrey Toledo, acabaron con cualquier atisbo de independencia.

Con el tiempo salió a la luz un nuevo movimiento clandestino llamado *Taki Onqoy* o «enfermedad del baile», que trataba de rechazar cualquier elemento europeo y restaurar el tradicional orden andino. Su actividad visible era la ejecución de danzas, pero parece ser que sus líderes animaban a que se almacenasen armas para preparar una revuelta que eliminase el dominio español y como respuesta a la política de «extirpación de idolatrías» llevada a cabo por los católicos. Los españoles pronto se enteraron y dirigieron una campaña para encontrar las armas y los líderes, lo que supuso que nunca tuviera lugar ese levantamiento.

El paso de los años consiguió difuminar de la conciencia popular el recuerdo de los incas como opresores y empezó a surgir en los pueblos andinos una imagen gloriosa de su pasado de dominio del Tahuantinsuyu, y a lo largo de los siglos de imposición colonial tomó forma el mito de *Inkarri*, figura sincrética que mezclaba al Inca con el rey español, un hombre que regresaría a los Andes para liberar a los nativos del yugo opresor que sufrían desde la conquista española.

# CONCLUSIÓN

El legado del Tahuantinsuyu sigue vigente en parte de América del Sur, sobre todo en las tierras altas de los Andes donde las comunidades siguen viviendo del modo tradicional, persistiendo una filosofía cultural que da sentido a las relaciones entre las gentes y entre éstas y la tierra, dando importancia a esa ética ya conocida del apoyo mutuo. Encontramos poblaciones campesinas que habitan fuera de las grandes ciudades, que siguen divididas en mitades como las que hemos explicado de los tiempos antiguos, incluso los jóvenes buscan a su pareja en divisiones de grupos de parentesco locales. Siguen creyendo en la propiedad cooperativa de los recursos y en el duro modo de vida campesino o de pastoreo.

Siguen manteniendo creencias tales como la relación entre las personas con la tierra y el cielo, o los ciclos ceremoniales practicados por numerosas comunidades. Se siguen realizando ofrendas de coca, chicha, chanchos... a la Pachamama para agradecerle las buenas cosechas. Tras muchos años de opresión católica se ha vuelvo a celebrar el *Inti Raymi* que, aunque en muchas partes está provocado por el turismo, también existe parte de tradición cultural. Se sigue peregrinando a los cerros, no sólo por parte de los campesinos y pastores, sino por los habitantes de grandes ciudades como Lima o La Paz, que ofrendan numerosos presentes pues siguen creyendo que su bienestar sigue ligado a estos *apus*.

Como detalle podemos señalar que la moneda de Perú, antes llamada Inti por el dios Sol de los incas, ahora se conoce como sol, sin olvidar sus raíces; y como curiosidad, es preciso mencionar que la bebida carbónica de Perú es la *Inca kola*. Como vemos, las referencias a políticos bailan con las flautas y los tambores antiguos.

Tras años de dominio católico se ha creado un sincretismo religioso en la zona andina, que lejos de exterminar las creencias antiguas, éstas se han sumado a la nueva religión europea, creando una forma particular de adorar a un dios católico a la vez que ofrendando coca a la Pachamama.

En conclusión, el legado de los Incas aún sigue vivo y ya es hora de que sean ellos los que dirijan sus vidas sin un absurdo paternalismo por parte de los europeos.

# CRÓNICAS

## Suma y narración de los incas. Por Juan de Betanzos

*Capítulo IX: En que trata cómo Inca Yupanqui, después de haber desbaratado y muerto a Uscovilca, tomó sus vestidos y ensinias de Señor que traía, e los demás capitanes prisioneros que había traído y las llavó a su padre Viracocha Inca, y las cosas que pasó con su padre, e cómo ordenó el padre de lo matar, y como se volvió Inca Yupanqui a la ciudad del Cuzco; e cómo desde cierto tiempo murió Viracocha Inca y de las cosas que entre ellos pasaron en este medio tiempo; e de una costumbre que estos Señores tenían en honrar los capitanes que de la guerra venían victoriosos.*

El cual, después de haber muerto a Uscovilca mandó tomar sus vestiduras e insinias que en la guerra traía, ansí de oro y plata, y joyas que sobre él traía, como de ropa de plumas, plumajes y armas y arreos de su persona; y metiéndose en unas andas, se partió para do su padre Viracocha Inca estaba, llevando consigo a sus amigos, los tres que con él habían quedado, como ya la historia os lo ha contado, Vicaquirao, Apu Mayta y Quiliscachi Urcoguaranga, y dos mil hombres de guerra que guardaban su persona. Donde, llegado que fue a donde su padre estaba, le hizo el acatamiento que a su Señor y padre debía, y ansimismo le puso delante las insinias, armas y vestidos del chanca Uscovilca, que él había ya vencido y muerto; y rogóle que se las pisase aquellas insignias del enemigo que había vencido, y ansimismo le rogó que le pisase ciertos capitanes de Uscovilca que presos él allí llevaba, haciéndoselos echar por tierra.

*Porque, habrán de saber, que tenían una usanza estos Señores, que cuando algún capitán y capitanes venían victoriosos de la guerra, traían las insinias y adornamentos de los tales señores que en la guerra mataban y prendían; y como entrasen los tales capitanes por la ciudad del Cuzco victoriosos, e traían delante de sí las insinias y prisioneros, e poniénlas delante de sus Señores, y los Señores, viendo el tal despojo e insinias y prisioneros delante de sí levantábase el tal Señor, e pisábalo e daba un paso por encima de los tales prisioneros. Y esto habían los tales Señores, en señal de que recibían los tales que lo traían triunfo y favor del Señor, y era aceptado en servicio el trabajo que ansí habían pasado en sujetar y vencer los tales enemigos. Y ansimismo, el Señor a quien era pedido que pisase las tales cosas y prisioneros, recibía y había, haciendo aquellos, posesión y señorío de las tales tierras que ansí eran ganadas y vasallos que en ellas vivían.*

Y al fin de aquesto, queriendo tener Inca Yupanqui todo respeto a su padre, aunque no le había querido dar favor, le trujo delante dél todas las cosas que habéis oído, para que su padre dél rescibiese aquel servicio y aprendiese la posesión de los tales enemigos por sus vasallos, sujetados por capitán suyo. El cual, como viese las tales insinias delante de sí, y los capitanes que ansí le traía presos en señal de su victoria, y quél le pidía que se los pisase como tal su Señor y padre, en esta sazón tenía consigo el Viracocha Inca un principal del Uscovilca que le había sido enviado por el Uscovilca, para que con él concertase de la manera que se le había de dar y las condiciones que con él quería poner; y como hasta aquella hora no hubiese dado orden, teníale él consigo, y no habiendo él sabido lo que le había pasado con el Uscovilca, Viracocha Inca no tuvo por cierto ser aquello que el Inca Yupanqui traía delante dél, de Uscovilca, y que él le hubiese muerto y desbaratado; y como él no estuviese satisfecho de lo que via, mandó que paresciese allí delante aquel principal que con él estaba, el cual se llamaba Guaman Guaraca, que es el que Uscovilca inviaba para hacer los conciertos, como ya habéis oído; y como cosa que tenía por sueño, preguntó el Viracocha Inca al Guaman Guaraca: "Dime, ¿tú conoces estos vestidos y insinias que sean de tu señor Uscovilca?" Y como los viese el Guaman Guaraca, y conociese y viese los capitanes de su Señor echados por tierra, puso los ojos en el suelo y comenzó a llorar, echóse allí en tierra con ellos.

Y como esto viese Viracocha Inca que era verdad que hubiese habido victoria de sus enemigos Inca Yupanqui, su hijo, tomó gran pesar y envidia dellos, por gran odio que le tenía, como ya os he contado; todo lo cual conoció en él Inca Yupanqui su hijo, con gran pesar. Y no teniendo respeto a aquello, sino a que era su padre y Señor, tornóle a rogar Inca Yupanqui que le pisase como su Señor y padre; a lo cual respondió Viracocha Inca, que lo mandase meter en cierto aposento y que lo pisase primero su hijo Inca Urco, que era el hijo quél más quería, en quien él pensaba dejar después de sus días su estado y lugar de su persona, como ya hemos contado. A lo cual respondió Inca Yupanqui, que a él, como a su padre, rogaba que se lo pisase, que él no había ganado victoroa para que se lo pisasen semejantes mujeres como eran Inca Urco y los demás hermanos; que se lo pisase él como persona a quién él tenía por su Señor e su Padre; si no que se iría.

Y estando en esto, hizo llamar Viracocha Inca un señor de los que consigo tenía, y hablándole a solas, le dijo que sacase secretamente la gente de guerra que consigo tenían, e que la llevase a cierta quebrada de monte y paja alta donde estuviese secretamente; y que tan de mientras quél iba, quél ternía en palabras a Inca Yupanqui en cierto aposento, mientras él emboscase allí a la gente; y que dentro del aposento, si él pudiese, a manos le mataría; y que si de allí escapase, que le matase él en la quebrada del monte por do había de tornar a volver el Inca Yupanqui. Y esto concertado, salióse aquel señor a hacer lo que le mandaba Viracocha Inca.

Viracocha Inca volvióse a Inca Yupanqui e comenzóle de hablar con buenas palabras y a mostrarle rostro alegre. Ya que le paresció que habría hecho aquel capitán suyo lo que le habían mandado, levantóse el Viracocha Inca y rogó a Inca Yupanqui que metiese aquellas cosas que llevaba de Uscovilca dentro del aposento do antes le había rogado que las mandase meter, para que las pisase su hijo Inca Urco y que se las pisase él. Tornóle a responder Inca Yupanqui que se las pisase él, si quisiese, y si no que se iría, como ya le había dicho. Y viendo Viracocha Inca que no podía acabar con él que las pisase Inca Urco, pensando de le matar dentro del aposento, dijo que lo mandase meter dentro del aposento questando ellos solos lo pisaría delante dél. Y estando en esta porfía, llegáronse a Inca Yupanqui sus tres buenos amigos, sospechando la traición que Viracocha Inca quería hacer, no consistieron que Inca Yupanqui entrase en el aposento.

Y estando en esto, llegó a Inca Yupanqui un capitán suyo de los que él con la gente de guarda traía, y díjole que habían visto salir cierta gente de guerra de allí del peñol, los cuales habían salido uno a uno y de dos en dos, y que era mucha cantidad de gente la que había salido, y que algunos de ellos llevaban lanzas y alabardas, e que iban por el camino do ellos habían venido; que sospechaba que aquesto fuesen a tomar algún paso para desque volviesen, o que fuesen a tomar y robar lo que ellos en la cibdad del Cuzco tenían, y tomársela. Y como aquesto le dijese aquel su capitán delante de sus tres buenos amigos, rióse Inca Yupanqui de ver que su padre le quería matar de aquella manera, y de conocer que reinaba envidia en él, y estándole él rogando que se sirviese de todo ello y que se lo acetase en servicio. Y como hubiese oído lo que aquel capitán le decía, dijo a los dos de aquellos sus tres amigos que tomasen la mitad de la gente que él en su guarda allí había traído, y que ansí como habían salido los del peñol a le hacer traición, que ansí los inviasen ellos uno a uno e dos a dos, los cuales fuesen en siguimiento de los que por Viracocha eran inviados, y que mirasen si los tales se emboscasen en algunos montes o quebradas, y si iban al Cuzco; y conlo que ansí viesen y entendiese, volviesen a él a le avisar de lo que ansí pasaba, para que él, teniendo entendimientos e siendo avisado de lo que era, diese orden en lo que había de hacer con los que quedaban; e si caso fuese que los tales tuviesen hecha alguna emboscada que allí do tuviesen razón y entendimientos dello, hiciesen alto, no avisando ni poniéndose de manera que los enemigos tuviesen entendimientos que los habían entendido; y que se fuesen luego con toda brevedad, porque él concluiría en breve con su padre, y con lo que ansí hiciesen luego se volverían.

Y ansí, sus buenos dos amigos rogáronle que por ninguna vía entrase a solas en el aposento con su padre, porque no le matasen en alguna traición; y lo mismo encargaron a Apu Mayta, que quedaba con él, que mirase por su señor; y ansí salieron estos dos señores y mandaron entrar dentro do Inca Yupanqui estaba, docientos indios con sus hachas en las manos, a los cuales mandaron que se pusiesen en torno de donde Inca Yupanqui estuviese, y que le mirasen e guardasen, no le fuese hecha alguna traición. A la demás gente que allí quedaba, mandaron que se quedase a la puerta do Inca Yupanqui estaba, y que si sintiesen algún estruendo de gente dentro, entrasen de golpe todos y que mirasen por su señor.

Y esto hecho, tomaron la gente que Inca Yupanqui les había mandado, y echando delante cincuenta indios, uno a uno, dos a dos, cubiertas sus mantas así, muy disimuladamente, bien así como habían salido los que había mandado Viracocha Inca que delante saliesen; los cuales cincuenta indios fueron descubriendo y mirando por sus enemigos. Y como fuesen derramados y grande espacio unos de otros, un indio destos que delante iba, ya que llegaron junto a la quebrada de la leña y arroyo de la paja alta era, vio los enemigos que estaban emboscados; los cuales, como los viesen asomar, dejáronse todos caer sobre la paja, pensando que los habían visto. Y este indio, como los viese sentóse en el suelo y hizo que se pasaba a atar cierta atadura de sus zapatos, la cual disimulación era seña y aviso para sus compañeros que detrás dél venían; al cual, como le viesen en la manera que habéis oídos, de uno en otro volvió la nueva a los dos señores que detrás dellos venían, los cuales, como entendieron que era emboscada, mandaron a todos los suyos que se recogiesen e juntasen allí do la voz les había tomado, excepto a los cincuenta que delante habían salido; a los cuales mandaron que se anduviesen por allí mirando a descubriendo a los que estaban delante, y avisasen al que ataba los zapatos, llegando un indio bajamente a él, el cual le dijese que mostrase que ataba y desataba sus zapatos y otras cosas de su traer, con lo cual mostrase disimulación de lo que allí entendía.

Y dejando esto en este estado, volvamos a Inca Yupanqui, el cual, como hobuese proveído en lo que habéis oído, rogó a su padre que le pisase aquellas insinias de prisioneros que allí le había traído de Uscovilca, al cual respondió Viracocha Inca, que no quería, si no pisaba primero Inca Urco; y a esto dijo Inca Yupanqui, que por ser él su padre y por le tener respeto y dalle obidiencia como a tal su Señor, había él venido allí a su pueblo a que le pisase aquello, y ansimismo a le rogar que se volviese a su pueblo e ciudad del Cuzco; pues él, como su padre y en su nombre le había ganado aquel empresa, que quisiese salir de allí y irse a la ciudad del Cuzco; y entrase triunfando con aquellos capitanes y cosas de Uscovilca, porque aquella había sido su intención e a lo cual había venido allí; que otra manera, que no tenía él que traer lo quél había ganado a que lo pisase semejante Inca Urco, su hijo mayor. Y acabado de decir esto Inca Yupanqui a su padre Viracocha Inca, mandó tomar las vestiduras y lo demás de Uscovilca, y mandó levantar los prisioneros del suelo, que hasta aquella hora habían estado tendidos en tierra, en ansí se salió Inca Yupanqui, enojado y corrido de que su padre no hubiese querido pisarle sus prisioneros e lo que ya habéis oído. Y pesábale que su padre mostraba estar tan mal con él que le quisiese matar e procurar la muerte, viendo él en sí que no le había dado causa para que dél hobiese enojo e dél tuviese malquerencia, sino que antes procuraba y había procurado hacerle todo servicio, y hacerle todo placer y contentamiento; y como conociese que el enojo y pasión que dél tenía era por invidia de ver quel excedía a todos sus hermanos, tenía tanto de pasión por ellos.

En ansí se salió de donde su padre estaba, considerando estas y otras muchas cosas; y como llegase a do sus dos buenos amigos estaban con su gente esperándole y tiniéndole avisado de la traición que le tenían armada, pensando de le tomar descuidado, dijo allí a sus capitanes que hiciesen tres partes aquella gente, y que las dos dellas fuesen divididas, la una por la parte del caminos, y la otra por la otra, y la otra que fuese allí con él; y que estas dos partes que ansí iban divididas, fuesen encubiertas lo más que ser pudiesen, y que él entraría por el caminos y por medio del monte, y que diesen por do la emboscada; y como sus capitanes dijesen: *C ac ayacha yaque*, que dice: *¡A ellos, a ellos!*, que luego su gente saliese, la que ansí iba cercando el monte, y que disen en los enemigos, y que sin tener respeto a ninguno, no dejasen ninguno a vida.

Y esto ansí hecho y proveído, partió esta gente de guarda en la manera que ya habéis oído, e Inca Yupanqui con la que ansí quedó, e yendo por el camino derecho; y llegando a la quebrada, Inca Yupanqui, do el monte estaba y la emboscada le era hecha, ya que iba al medio de ella, llevando su gente apercibida y avisada de lo que sospechaban, tiráronle de dentro de la montaña una piedra a Inca Yupanqui y no le acertaron, mas de que dieron a uno de los que las andas llevaban; y visto esto por Inca Yupanqui y sus tres buenos amigos, dijerosn en alta voz:

*¡A ellos, a ellos!*; y como su gente, que ya tenían el monte cercado, oyesen la voz, dieron en los de la emboscada de tal manera, que no les escapó hombre.

Y llegado que fue Inca Yupanqui a la ciudad del Cuzco, mandó a su amigo Vicaquirao que volviese a su padre Viracocha Inca, y que le dijese que viniese a su ciudad, que le tenía guardadas las cosas ya dichas para que dellas triunfasem y ansí mandó que saliesen con él tres mil hombres que le guardasen y acompañasen. Y ansí, se partió Vicaquirao; y llegado que fue al peñol do Viracocha Inca estaba, hallólo que estaba en grade llanto él y los suyos por la muerte de los que Inca Yupanqui les matara en la emboscada, en la cual habían sido muertos muchos señores principales de los que con él tenía; y como tuviese nueva Viracocha Inca que de había el Cuzco venía gran golpe de gente de guerra, tenía que volvía su hijo sobre él a le matar a él y a los suyos que consigo tenía, y entró allí en breve consulta con los suyos, en la cual acordaron, que si de guerra venía su hijo sobre él y caso fuese que a plática viniesen de algún concierto u otra cosa en que fuese pedille vasallaje, que hiciese todo aquello que por él fuese pedido e demandado. E para saber quén venía, o en qué demanda venía el que allí venía, mandó Viracocha que seliese un señor de los que con él estaban puesto de luto y llorando, y que ansimismo con él otros diez indios en la misma manera, e que saliesen del peñol uno en pos de otro, queste señor fuese delante y que los indios que detrás dél iban, mirasen de qué arte los recibían la gente que ansí venía, si les prendía o hacían algún enojo, y de lo que ansí viesen le volviesen a avisar.

Y ansí, salió este señor en la manera ya dicha; y como llegasen a do Vicaquirao venía y llegasen a él, hizo su acatamiento, y lo mismo a él Vicaquirao; y como le viese ansí venir llorando, preguntóle que qué pasión había habido, aunque él bien sospechaba lo que era, porque él le había muerto por sus manos un hermano suyo en la emboscada. El señor dijo que lloraba por un hermano soyo que en la emboscada había muerto; todo lo cual el Vicaquirao le riñó y le dijo ser mal hecho y acordado. El señor le respondió que él no era culpante ene llos, y que Viracocha Inca lo había proveído, sin darles parte. A esto le respondió Vicaquirao, que si Viracocha Inca lo había proveído, que lo que de allí había ganado que lo guardase, que no restituía tan aina los amigos y deudos que allí había perdido. El señor dijo que ya aquello era hecho, y que en ello no había que hacer ni hablar, que en acuerdo loco lo había proveído Viracocha IncaM que le rogaba que le dijese que a qué volvía y qué era su demanda. Vicaquirao se lo dijo, y entonces aquel señor le dijo a Vicaquirao el arma que les había dado y acuerdo que habían tenido, y lo que en el tal acuerdo se había acordado, ya lo que él había salido. Todo lo cual oído por Vicaquirao, le tomó muy gran risa a él y a los suyos que allí estaban en torno, y fue tan de gana este reir, que aquel señor se rió con ellos. Ansí, todos juntos se fueron a do estaba Viracocha Inca, que le había dejado alborotado a él y a todos los suyos con temos de lo que ya le había dicho; y ansí se fue este señor a do Viracocha estaba y le dijo a lo que Vicaquiro iba. Y dende a poco, llegó Vicaquirao a do el Viracocha Inca, e hízole su acatamiento, y díjole la embajada que de parte de Inca Yupanqui le llevaba que ya habéis oído; al cual respondió Viracocha Inca quél holgara de hacello si no entendiera que volver a el Cuzco, habiendo salido dél huyendo, le era cosa afrentosa, y que no estaría a él bien entrar en la ciudad, habiéndola desamparado y habiendo habido victoria un muchacho, como era su Inca Yupanqui; que allí do estaba en aquel peñol de Cayuca Xaquixaguana, pensaba hacer un pueblo con la gente que consigo tenía, y allí pensaba morir; y que más no le esperasen el Cuzco, que no pensaba entrar más en él en sus días. Y así lo hizo Viracocha Inca, que pobló en aquel peñol, por cima de Calca, siete leguas del Cuzco, e hizo un pueblo las más de las casas de cantería.

Y como entendiese y conociesen todos los más que con Viracocha estaban en el peñol, que Inca Yupanqui era tan guerraro y tan amigable a todos, lo cual le conocían desde su niñez, y tenían que siendo señor, como era, y habiendo acabado una empresa tan grande, que no podría dejar de hacer grandes mercedes a los que a él se llegase y le quisiesen servir, y considerando esto, muy mucha gente, de la que allí consigo tenía Viracocha Inca, se fue a la ciudad del Cuzco. Inca Yupanqui los recibió con rostro alegre; y desculpábansele los tales que ansí iban y decíanle, que si le habían desmamparado, que su padre los había llevado; y él los respondía a esto que le decían, que no tenía enojo contra ellos, que si habían ido con su padre, que habían hecho como buenos que su padre era su Señor y de todos ellos. Ansí, como llegaban do él estaba viniéndose de donde su padre estaba, los rescibía bien, y dábales tierras, mujeres, y casas, y ropa y nunca quitó a ninguno cosa de las que allí había dejado, cuando con su padre saliera, como eran casa, tierras, depósitos de comida, e ropas que en sus casa ansí había dejado; antes les decía a los tales, que él había quedado en guarda de sus haciendas, que como entendiese dellos que se habían ido a recrear con su padre, que él había quedado en guarda de sus haciendas todas, que cada uno mirase si le faltaba alguna coasa de su casa, que él como guarda que había quedado de ellas, les daría cuenta dello, e que a ninguno le faltaría cosa. Todo lo cual él había hecho proveer; e mandó a cietos señores que no consintiesen que entrase nadie en ninguna casa que ansí habían desjado despoblada, porque siempre tuvo que los tales moradores de ellas, contándoles a da uno por sí su gran magnificencia, se volvería cada uno ansí a su casa; y ansí se volvían, como ya habéis oído.

E tornando a hablar de Vicaquirao, que había quedado con Viracocha Inca persuadiéndole y rogándole que se quisiese venir a su ciudad, lo cual nunca pudo acaban con él; y pasados los tres días que allí estuvo en su compañía, constándole que Viracocha Inca estaba en no querer volver al Cuzco, se volvió Vicaquirao. Llegado a la ciudad del Cuzco, dijo a Inca Yupanqui la respuesta que Viracocha Inca le dijera, que ya habéis oído, y lo demás que con él pasara; todo lo cual oído por Inca Yupanqui, pesóle, por ver que su padre no quisiera venir a se Señor como lo era antes.

*Capítulo XI: En que trata de cómo Inca Yupanqui hizo la Casa del Sol y el bulto del sol, y de los grandes ayunos, idolatrías y ofrecimientos que en ello hizo.*

Salidos que fueron aquellos señores caciques de donde Inca Yupanqui estaba, y fueron a do Viracocha Inca estaba, como ya la historia os ha contado, e Inca Yupanqui quedase solo en su ciudad con los suyos, después de haber reposado dos días, parescióle que tenían ya ociosidad, e había tomado por recreación el ejercer de su persona; e ansí, salió un día de mañana de la ciudad del Cuzco, e llevando consigo los señores que allí consigo tenía, anduvo aquel día todas las tierras que en torno de la ciudad eran, y lo mismo hizo otro día siguiente; y después de las haber bien visto y mirado, vio la mala repartición e arte que el tiempo que allí su padre estuvo ellas tenían. El tercero día, también ansimismo anduvo mirando, juntamente con los señores, el sitio donde la ciudad del Cuzco estaba fundada, todo lo cual, o lo más dello, eran ciénagas y maniantales, como ya la historia os lo han contado, y las casas de los moradores della eran pequeñas y pajizas e mal edificadas y sin proporción de arte de pueblo que calles tuviese; y bien ansí como es el día de hoy junto a esta ciudad un pueblo que llaman Cayaucachi, era en aquel tiempo las casa y pueblo que agora es la gran ciudad del Cuzco.

Y como Inca Yupanqui viese tan mal para esta pueblo del Cuzco, e ansimismo las tierras de labranzas que en torno dél eran, paresciole, viendo que tenía tiempo y gran aparejo para de nuevo reedificarla, y que primero que en el pueblo hiciese casa, ni el reparto de las tierras, que sería bien hacer y edificar una casa al Sol, en la cual casa pusiesen y fuese puesto un bulto en el lugar do el Sol reverenciasen y hiciesen sacrificios; porque, aunque ellos tienen que haya uno que es el Hacedor, a quien ellos llaman Viracocha Pachayachachic, que dice *Hacedor del mundo*, y ellos tienen que éste hizo el sol y todo lo que es criado en el cielo y tierra, como ya habéis oído; caresciendo de letras, y siendo ciegos del entendimiento en el saber, casi muchos varían en esto en todo y por todo, que unas veces tienen al sol por hacedor, y otras veces dicen que el Viracocha; y otras veces dicen que el Viracocha; y por la mayor parte, en toda la tierra y en cada provincia della, como el Demonio les traiga ofuscados, y en cada parte que se les demostraba les decía mil mentiras y engaños, y ansí los traía engañados y ciegos, y en los tales lugares do ansí le vían ponían piedras en su lugar, a quien ellos reverenciaban y adoraban. Y como les dijese unas veces que era el sol, y a otros en otras partes decía que era la luna, y a otros que era su Dios y Hacedor, e a otros que era su lumbre que los calentaba y alumbraba, e que ansí lo verían en los volcanes de Arequipa; en otras partes decía que era el Señor que había dado el ser al mundo y que se llamaba Pachacama, que dice, *Dador de ser al mundo*; y ansí los traía, como tengo dicho, engañados y ciegos.

Y volviendo a nuestra historia, este Señor Inca Yupanqui, como quisiese hacer casa y adoratorio a quien él reverenciase y los demás de su pueblo, quiriendo lo hacer a reverencia y semejanza del que había visto antes de su batalla, y considerando él quel que ansí viera, a quien él llamaba Viracocha, que le vio con gran resplandor, según ellos dicen, y en tanta manera que le paresció que todo el día era allí delante dél y su lumbre, lo cual viendo delante de sí, dicen que hubo gran pavor, y que nunca le dijo quién fuese; considerando él en sí, cuando esta casa quería edificar, que aquel que viera, según la lumbre que en él había visto, que debía de ser el sol, y que como llegase a él y la primera palabra que dijese «Hijo, no tengas temor», y ansí los suyos, como la historia os ha contado, le llamaron después Hijo del Sol; y tiniendo él ansí lo que ya habéis oído, propuso de hacer esta Casa del Sol.

Y como la propusiese, llamó los suyos y los señores de la ciudad del Cuzco que allí consigo tenía, y díjoles lo que ansí tenía pensado que quería edificar esta casa; y ellos le dijeron que diese orden y traza del edificio della, porque tal casa como aquella, ellos, los naturales y propios de la ciudad del Cuzco la debían edificar e hacer; e Inca Yupanqui les dijo que la casa debía ser edificada luego, porque él ansí lo tenía pensado. Y visto por él el sitio do a él mejor le paresció que la casa debía de ser edificada, mando que allí fuese traído un cordel, y siéndole traído, levantáronse del lugar do estaban él y los suyos, y siendo ya en el sitio do había de ser la casa edificada, él mismo por sus manos con el cordel midió y trazó la Casa del Sol; y habiéndola trazado, partió de allí con los suyos y fue a un pueblo que dicen Salu, que es casi cinco leguas de esta ciudad, ques do se sacan las canteras, y midió las piedras para el edificio desta casa, y ansí medidas, de los pueblos comarcanos pusieron las piedras que les fue señaladas y las que fueron bastantes para el edificio desta era necesario; y siendo ya allí, pusieron por obra el edificio della, bien ansí como Inca Yupanqui la había trazado y imaginado. Andó él siempre y los demás señores encima de la obra, mirando cómo la edificaban, y ansí él como los demás trabajaban en el tal edificio; la cual obra, como allí tuviese juntos los materiales y menesteres della, que en breve tiempo fue acabada.

Y como ya fuese acabada esta otra Casa del Sol que habéis oído, mandó Inca Yupanqui que luego fuesen juntas quinientas mujeres doncellas, y como allí fuesen traídas, ofreciólas al Sol, para que allí siempre estas tales doncellas sirviesen al Sol y estuviesen allí dentro, bien así como las monjas son encerradas; y luego, allí, llamando a un señor anciano y natural de la ciudad del Cuzco que a él le pareció que era hombre honesto y de buen exemplo y fama, que estuviese y regiese allí en la Casa del Sol, y que fuese mayordomo del Sol y de la tal casa. Y luego mandó que allí fuesen entregados doscientos mozos de servicio del Sol; y ansisimimo en aquella hora señaló ciertas tierras para el Sol, en que sembrasen estos doscientos yanaconas.

Y esto hecho, mandó Inca Yupanqui a los señores del Cuzco que, para de allí a diez días, tuviesen aparejado mucho proveimientos de maíz, ovejas y corderos, y ansimismo muchas ropa fina, y cierta suma de niños y niñas, que ellos llaman Capacocha, todo lo cual era para hacer sacrificio al Sol. Y siendo los diez días cumplidos y esto ya todo junto, Inca Yupanqui mandó hacer un gran fuego, en el cual fuego mandó, después de haber hecho degollar las ovejas y corderos, que fuesen echados en él, y las demás ropas y maíz, ofreciéndolo todo al Sol; y los niños y niñas que ansí habían juntado, estando bien vestidos y aderezados, mandólos enterras vivos en aquella casa, que en espacial era hecha para donde estuviese el bulto del Sol; y con la sangre que de los corderos y ovejas habían sacado, mandó que fuesen hechas ciertas rayas en las paredes desta casa; todo lo cual hacía y los sus tres amigos e otros; todo lo cual significaba una manera de biendecir y consagrar esta cas; en el cual sacrificio andaba Inca Yupanqui y sus compañeros descalzos y mostrando gran reverencia a esta casa y al Sol. E ansimismo con la misma sangre el Inca Yupanqui hizo ciertas rayas en la cara a aquel señor que era señalado por mayordomo desta casa, y lo mismo hizo a aquellos señores, sus tres amigos, y a las mamaconas monjas que para el servicio del sol eran allí. Y luego mandó que todos los de la ciudad, ansí hombres como mujeres, viniesen a hacer sus sacrificios que ansí la gente común hizo, fue quemar cierto maíz y coca en aquel fuego que ansí era hecho, entrando cada uno destos uno a uno y descalzos, los ojos bajos; y al salir que ansí salían, después de haber hecho su sacrificio, a cada uno destos por sí mandó Inca Yupanqui que aquel mayordomo del Sol hiciese la raya misma que habéis oído, con la sangre de las ovejas, en los rostros destos que ansí salían, a los cuales les era mandado, que desde aquella hora hasta que el bulto del Sol fuese hecho de oro, todos estuviesen en ayuno, y que no comiesen carne ni pescado ni aun guisallo, ni llegasen a mujer, ni comiesen verdura ninguna, y que solamente comiesen maíz crudo y bebiesen chicha, sopena que el que el ayuno quebrantase, fuese sacrificado al Sol y quemado en el mismo fuego. El cual fuego mandó Inca Yupanqui que siempre estuviese ardiendo de noche y de día; la lecha de tal fuego mandó Inca Yupanqui que fueese labrada y quemada mientras al ídolo se hiciesen en el fuego sacrificios, los cuales mandó que durante este tiempo hiciesen las mamaconas del Sol; las cuales ansímismo estaban en grande ayuno y lo mismo el Inca Yupanqui y los demás señores.

Y esto hecho y proveído, mandó Inca Yupanqui que viniensen allí los plateros que en la ciudad había, y los mejores oficiales, y dandoles todo aparejo allí en las Casas del Sol, les mandó que hiciesen un niño de oro macizo y vaciadizo, que fuese el tamaño del niño del altor y proporcion de un niño de un año y desnudo; porque dicen que aquel que le hablara cuando él se puso en oración estando en el sueño, que viniera a él en aquella figura de un niño muy resplandeciente, y que él vino a él después, estando despierto, la noche ántes que diese la batalla a Uscovilca, como ya os he contado, que fue tanto el resplandor que vio que dél resultaba, que no le dejó ver que figura tenía; y ansí mandó hacer este ídolo del tamaño y fugra de un niño de edad de un año; el cual bulto se tardó de hacer un mes, en el cual mes tuvieron grandes sacrificios y ayunos.

Y este bulto acabado, mandó Inca Yupanqui que aquel señor que había señalado por mayordomo del Sol, que tomase el ídolo, el cual le tomó con muchas reverencias, y vistióle una camiseta muy ricamente tejida de oro y lana e de diversas labores, y púsole en la cabeza cierta atadura a uso y costumbre de ellos, y luego le puso una borla según la del estado de los Señores, y encima della le puso una patena de ero, y en los pies le calzó unos zapatos, *uxutas* que ellos llaman, ansímismo de oro. Y estando ansí el bulto, llegó Inca Yupanqui a do el bulto estaba, el cual iba descalzo, y como llegase a él, hízole sus mochas y gran reverencia, mostrándole gran respeto; e ansí, tomó el bulto del ídolo en sus manos y llevólo a do era la casa y lugar do él había de estar; en la cual casa estaba hecho un escaño, hecho de madera y muy bien cubierto de unas plumas de pájaros tornasoles de diversas manera y colores, de las cuales y con las cuales era muy vistosamente labrado; en el cual escaño puso Inca Yupanqui el bulto del ídolo. Y siendo allí puesto, hizo traer un brasero de ro, y siendo encendido en él fuego, mandóle poner delante del ídolo, en el cual fuego y brasero hizo echar ciertos pajaricos y ciertos granos de maíz y derramar en el tal fuego cierta chicha; todo lo cual dijo que comía el Sol, e que haciendo aquello, le daba de comer; y de allí adelante se tuvo aquella costumbre ordinariamente; lo cual hacía aquel mayordomo dél, ansí como si fuera persona que comiera y bebiera; ansí se tenía especial cuidados de le guisar de comer diversas comidas y maneras de manjares, y ansí las quemaban delante, a la tarde y a la mañana en braseros de oro y plata, en la manera que ya habeis oído. Y dende allí adelante adoraban en aquel ídolo; y no entraban dentro del ídolo donde estaba, sino eran los señores principales, entrando con mucha reverencia y veneración, los zapatos quitados, y las cabezas bajas; y el Inca Yupanqui entraba solo, y él mismo por su mano sacrificaba las ovejas y corderos, haciendo él el fuego y quemando el sacrificio. Y cuando él ansí estaba haciendo el sacrificio, ningún señor osaba entrar dentro, y todos se quedaban en el patio y allí hacian ellos fuera sus sacrificios y sus mochas y adoramientos. Y para en que la gente común adorasen allá fuera, porque no habían de entrar allá dentro si no fuesen señores, y éstos en el patio, hizo poner en medio de la plaza del Cuzco, donde agora es el rollo, una piedra de la hechura de un pan de azúcar, puntiaguda para arriba y enforrada de una hoja de oro; la cual piedra hizo ansimismo labrar el día que mandó hacer el bulto del Sol, y esta piedra, para en quel común adorase, y el bulto, en la Casa del Sol, los señores; la cual casa era reverenciada y tenido en gran reverencia, no solamente el bulto, mas las piedras della y los sirvienes y yanaconas della eran tenidos por cosa bendita y consagrada.

Y al tiempo que la edificaban, estando asentando cierta piedra, quebróse de la juntura de la tal piedra un pedazo como tres dedos en ancho y largo, y mandó Inca Yupanqui que luego fuese allí derretida cierta plata y vaciada de tal manera en la piedra y quebrado della, que viniese al justo de lo que la piedra se quebró; todolo lo cual era de cantería y la juntura de la tal cantería de piedra con piedra era tan sotilmente asentado, que parecía raya hecha con un clavo en una piedra. En la cual se enterraban los señores principales en los patios y aposentos, excepto donde el ídolo estaba; y el día quel ídolo se puso en la casa, entraron en la ciudad, que no lo saben ni pueden inumerarlos, mas que dicen que la vez que menos ovejas y corderos allí sacrificaron, que pasaba de más de quinientos.

## Relación de las costumbres antiguas de los naturales del Perú. Anónima.

*Condiciones de los antiguos piruanos en lo civil.*

Las costumbres y usos de una nación y gente de su república, no se han de medir por lo que algunos particulares o viciosos hacen, sino por lo que toda la comunidad guarda o siente que se debe guardar, y por las leyes que tienen y ejecutan. Porque aunque veamos a cinco o seis ladrones u homicidas, u oyamos decir que este o aquel particular usó del nefando, o que secrificó a su hijo, no por eso hemos de condenar a toda la nación y república, ni a carga cerrada hacer regla general, si la tal nación guarda lo contrario en lo común y tiene leyes con que castiga tales delictos y las ejecuta puntualmente. Así que diremos de los vicios que toda la nación piruana tuvo recebidos y puestos en uso comun y los que no eran así, sino que uno o dos solamente los cometía, o que en otro tiempo fueron recebidos y en otros desechados; y también de sus loables costumbres y leyes.

Primeramente, la embriaguez y la destamplaza en el beber fue como una propia pasión desta gente, principio de todos sus males y aun de su idolatría. Este vicio no perdonó dignidades ni estados. Al principio, cuando poblaron la tierra, por muchos tiempo, no tuvieron género de vino, sino sola agua fresca; y cuéntase que en este tiempo no tuvieron vicios ni fueron dados a la idolatría. Después buscaron invenciones para hacer algún género de bebida, que fuese menos dañosa que el agua de aquella tierra; porque, si se mira en ellos, hay provincias en que hay agua tan desgada que corrompe, y en otras tan guresa, que cría vascosidades y piedra. Pues en los llanos, allende que la más del agua que ahí se bebe es salobre, cual más, cual menos, es comúnmente caliente, como la experimentan agora los españoles, que si no son los poderosos y que tienen caudal, los demás claro es que lo pasan trabajosamente. Pues para remediar este inconveniente y por librarse de enfermedades, inventaron el vino hecho de grano de maíz, el cual, si es simple, refresca las entrañas y el hígado, pero no limpia del todo las vascosidades. Mandaron los médicos que para que el vino tuviese los efectos que se pretendía, de lavar la vejiga y deshacer la piedra, se lindase el maíz con la saliva del hombre, que es muy medicinable. De manera que de aquí nació el mascar los niños y las doncellas el grano de maíz, y los mascado ponerlo en vasos para que después se cociese y pasase por diversos coladores de liezo de algodón y agua limpia, y el agua que de todo esto se exprime, sea el vino, del cual usaron mucho tiempo y por ser medicinable, no hacía reparar en que podía causar asco el haber sido mascado el maíz, pues por causa de la salud toman hoy los hombres cosas horribles, como canina de perro, orines y otras cosas muy asquerosas, que en comparación dellas, es la saliva del hombre cosa más limpia. Y cuando nos ponen vino en la mesa, no nos acordamos de que ha sido exprimido y pisado con los pies sucios y polvorientos del hombre.

Este vino que se hizo en el Perú desde los tiempos antiquísimos, por vía de medicina, vino después a ser tenido como regalo y bebida para celebrar sus fiestas; vino a tanta gula, que por solo beber sin pena públicamente, instituyeron las fiestas en que se había de beber a rienda suelta, porque en lo particular siempre fue vedado el beberlo, si no fuese moderado, por vía de medicina. De modo que los días de triunfos por las victorias alcanzadas, los días de barbechar la tierra, los días de sembrar la mies, los de la siega y cosecha, los del Aymoray, ques llevar el grano a la troje y despensa, estaba la puerta abierta para que bebiesen todos cuantos quisiesen, exceptos los mochachos y muchachas, y todos los ministros del templo y las virgines vestales, y la guarda del rey, y los soldados de presidio, y de los magistrados, los semaneros y las mujeres que habían de atender al servicio de las casas, y de los plebeyos y prefectos de sus oficios mecánicos. Duraba todo un día el beber, y digerido el vino, se pedía licencia para el día siguiente para todas las personas que el día antes no habían bebido, exceptos los religiosos y las vírgines acllas y los sacerdotes de los ídolos, que con estos nunca se dispensaba. Para las guardas y presidios, sostituían otros soldados que ya hubiesen bebido el día antes. Este era el común uso de sus fiestas en tiempo del barbecho y del sembrar y de la siega y de llevar lamies a la troje; porque primero hacían la labor en todo lo que era menester, hsta acabarla de todo punto, y luego comenzaban los convites y banquetes en que el comer era muy poco, tanto, que apenas se podría sustentar uno de nosotros con la cuantidad que común cinco dellos. Pero el beber era extremado; porque fuera de que la chicha es poción verdadera, da también nutrimientos como si fuese comida, casi al mismo modo que el chocolate en la Nueva España, que habiéndole dejado los indios y dádose a su pozol, que es el vino de su maíz, lo han tomado los españoles tan de veras, que en algunas provincias, como en Yucatán y Guatimala y Honduras y muchas parte de Méjico, parece vicio en ellos, y lo es; y hay muchos que en la demasía de beber ese chocolate (que también trastorna el juicio si se bebe sin medida) se igualan con los piruanos antiguos y modernos, que en su vino de maíz son demasiados.

Los días de los triunfos que llaman el hailli, era cosa desaforada, porque poco a poco vinieron a tanta corrumción, que duraba el beber y la borrachera teinta días y más; pero siempre con el recato de que bebiesen unos y guardasen el pueblo otros, y se mudasen y remudasen. Había grandes bailes y danzas, grandes representaciones de batallas, de comedias, tragedias, y otras cosas semejantes; pero lo que más se hacía era cosa de sacrificios, agüeros, hechicerías. A tanta disolución necesariamente se ha de seguir grande corrupción de vicios, particularmente de lujuria, pues estaban mezclados hombres y mujeres, padres e hijos, hermanos y hermanas. De aquí nació lo que autores graves han escrito, que no se respetaban parentescos de línea recta, de consanguinidad ni de afinidad, y que llegaba el negocio a tanto, que etiam el nefando se usaba, y que los nichos no aguardaban los años siquiera de la pubertad; lo cual es en parte verdadero, si consideramos a los piruanos en tiempo que los faltó el gobierno de los ingas y no tuvieron quien los fuera a la mano en los vicios de lujuria que la embriaguez trae consigo, sino quien los incitase a mayor libertad en ese vicio, pues vían que los que sucedieron en el gobierno, con profesar una parte la ley santa de la cristiandas, por otra eran tan frágiles y tan desventurados en la lujuria, que según contaban los indios ancianos y viejos, y aún muchos españoles, con lágrimas de sus ojos, nunca vieron tanta corrupción de soldados cuanta en estos, como abajo diremos. Pero en parte no es verdadero, si consideramos los tiempos en que los ingas tuvieron el mando y el palo; y todos los que regularon los tiempos pasados en los presentes que han visto, entendiendo que aún aquellos eran peores que éstos, erraron y escribieron mill desconciertos. Es, pues, de saber, que el inga, como gentil, erró en muchas cosas y llevó al pueblo tras sí, mas como hombre de razón, acertó en muchas y particularmente en negocio de gobierno, porque en esto de saber gobernar en lo civil a los piruanos conforme a su natural, expedió a los españoles. Por manera, que permitía el inga unos vicios públicamente, y de los secretos no inquiría, aunque viniese a noticia, por evitar otros mayores y que fuesen más dañosos a la república. Permitía convites y banquetes públicos de comida, porque los necesitados gozasen del barato, y se excusasen del hurtas; permitía que bebiesen hasta no más, y esto públicamente, a vista de todo el mundo, porque no se bebiesen en secreto y particular, haciendo borracheras de donde sucediesen homicidios, estupros y adulterios. Permitía que en semejantes juntas de borracheras y bebidas viniesen las mujeres rameras o solteras que no fuesen vígines ni viudas, o las mancebas o las mujeres legítimas de cada uno, y que en casas o escondrijos, que por allí había muchos, cometiesen sus fornicios y torpezas, porque cesasen los incestos, los adulterios y estupros y nefandos. Llamo permitir, no que hubiese ley dello, ni pregón ni bando que mandase que viniesen a ese tiempo y lugar las tales mujeres de que había no poca copia, sin que, aunque sabía que venían y había todas esas torpezas y suciedades, no las castigaba, ni mandaba a sus ministros que prendiesen o persiguiesen a las tales mujeres, ni a los verones que se juntase con ellas. Porque, aunque la simple fornicación fue tenida por pecado grande, desde los tiempos antiquísimos, en todo el Pirú, y aún había leyes contra los amancebados, con todo, ni se castigaba lo uno ni lo otro, sino que se disimulaba grandemente con ello, solo a fin de que se quitasen y evitasen los pecados ya dichos, como ellos interpretan. Y así, esta demasiada licencia pudo ser causa que hiciese crecer el vicio de la lujuria en grande manera en los indios, y mucho más en las mujeres. Todo el cuidado del inga fue en que no hubiese raptos o estupros con doncellas del pueblo o con vírgines acllas, ni adulterios, ni incestos, ni pecados contra natura; porque estos cuatro géneros de pecados castigábalos él con todo el rigor de la ley, sin perdonar aun a su propio hijo. Así que, al tiempo de estas borracheras, que durasen un día o dos o tres o treinta días, tenía mandado que hubiese muchos ministros reales, y aún cabos de escuadra y capitanes, que estuviersen a la mira no sucdiese algo desto y evitasen todos los peligros, quitando las casadas de entre los varones que no fuesen sus maridos, y juntas de mancebos, y que no dejasen llegar vírgen ninguna ni mochachos ni mochachas. De manera, que bien vían estos lo que pasaba con las mujeres mundanas, y estos disimulábanlo, pero velaban con cuidado y aun buscaban los lugares secretos y escondido para ver si había adulterio o incesto, u otro mal; porque en hallando algo desto, sin remedio era puesta la ley en ejecución, matando a los adúlteros o incestuosos o nefandos o estupros con vírgines acllas aunque fuesen novicias; porque el estupro que fuese sin rapto y violencia cometido con doncella del pueblo, no se castigaba con pena de muerte, sino con azotes, cárcel, destierro, minas o esclavonía de servidumbre en las tierras de los templos o de la comunidad, etc.; sino es que quisiesen casar, que entonces con una pena leve se contentaban, con que luego se casasen según sus ritos y leyes. No es posible sino que donde había tanto beber hubiese algunos de órdenes grandes y pecados enormes, por más guardas que hubiese, pero va el inga tenía puesto remedio que le parecia convenir, y cuando los tales delitos se descubrían, no disimulaba con ellos.

El beber mucho y tener cabeza fuerte que no se trastornase tenían por gran valentía, y así muchos querían mostrar esta fortaleza, mas el vino era más fuerte que ellos. Todavía se hallaron hombres que de una sentada se bebían en toda una tarde más de una arroba de aquel vino, y estuvieron en su juicio como si no hubieran bebido; con todo, no podían éstos vivir sino muy enfermos. Andando con el tiempo, inventaron sus sucesores trata y modo como hacer este vino más fuerte y más vivo; y fue, que dieron en echar el grano de maíz a remojo y dejarlo estar algunos días, hasta que reverdeciese y renaciese echando de sí raíces y algunos ramos, con solo estar en el agua en una artesa o vaso grande. Esto molían y lo lindaban y echaban a los vasos en que habían su vino alguna cantidad de esto, y hacían el vino fuerte y que picase y aún trastornase más presto que lo otro. Otros más golosos hacían de solo esto ya renacido todo su vino, y con echar al tiempo de beber

183

en el vaso szumo de cierta hierba medicinal, se hacía tan fuerte, que los trastornaba más presto. Llaman a este vino viñapu y otros sora, y dicen los que lo han probado que es pestilencial y causa de muchas enfermedades. La causa que da no es de enfermedades, pues ningún indio vemos en todo el reino que sea atacado de mal de ijada o de piedra, sino de pecado de embriaguez, lujuria e idolatría, que son mayor y peores enfermedades.

*Superstición*
No creo ha habido gentilidad tan dada a superstición como la piruana, puesto que en alguna provincia hubo más y en otra menos, pero en lo común todo el reino fue por un rasero. Porque, dejado aparte lo que toca a su religión falsa, sus dioses, sus sacrificios y sus templos, y sus sepulcros, y oratorios, y sacerdotes, y hechiceros, lo que es superstición, deprendíanlo desde niños, porque miraban en todos sus actos y en sus meneos, y en casi todos ellos hallaban misterio que reparar de bueno o malo. Al temblar los ojos, zumbar los oídos, estremecer el cuerpo, al tser, estornudar, bostezar, el sacar el pie derecho o el izquierdo, el tropezar con los pies más con este que con aquel, el salir la saliva cuando escupen derecha o fuerte, el encontrar, luego cómo amaneció, el primer hombre o mujer desta o desta traza, el haberle visto primero él que el otro, o al revés, ver los animales, serpientes, sabandijas pelearse o trabarse; en todas estas cosas hallaban que agorar mal o bien. Ladrar o ahullar perros decía que significaba pendencias o muertes; cantar la lechuza, que había que morir alguno de la casa sobre la cual cantó; ver el arco iris, que había de haber calenturas; apuntarlo con el dedo, pudrirse el cuerpo de apostemas o cáncer. Para esto usaban, hasta las niñas, de varias maneras de suertes: en el grano de maíz, en el grueso de la mazorca, en la saliva echada en la palma de la mano, y en otras mill cosas. En los celajes del cielo miraban no sólo la cualidad del tiempo, si era airoso, si lluvioso, si sereno, pero también agüeros y adivinaciones. Finalmente, eran tan dados a estas supersticiones, que en todos sus actos corporales y en todas las cosas hallaban que mirar y que reparar.

*Leyes*

Si en alguna cosa fueron loables los piruanos, fue en las leyes que tuvieron y en el guardarlas. Y había dos maneras de leyes: unas que pertenecían a su religión falsa y a la adoración de sus dioses, y a sus ceremonias y sacrificios. Destas leyes y de sus interpretaciones no hay que hacer caso; porque así como su religión y secta fue mala e inventada por el Demonio, así lo fueron sus leyes.

La otra manera de leyes, en lo que toca a lo civil y moral, fue muy loable, y muchas dellas se guardan hoy, porque vienen a cuento de los intereses de los que tienen el gobierno y el mando; y fuera bien que se guardasen todas, porque siquiera gozasen los naturales de las migajas que sobran a los advenedizos.

La primera. Que todos los subiectos al imperio de los ingas hablen una misma lengua general, y esta sea la quíchua del Cuzco, y la depriendan por lo menos los señores y sus hijos y parientes, y los que han de gobernar o administrar justicia o ser prefectos de oficios y obras, y los mercaderes y contratantes.

II. Que en todos los pueblos haya de todos oficios y oficiales y maestros, y si esto no pudiera ser, que cada provincia tenga dentro de su territorio todo lo que hubieran menester los que habitan en ella: aquí tejedores de lana, ahí de algodón, acullá plateros, allí carpinteros, acullá los que hacer el tocado o calzado; y a este modo de los salineros, carboneros, canteros, albañiles, etc.

IV. Que se miren las tierras para qué planta o semilla tienen más virtud, y no se siembre allí más de aquella semilla o plante, sin embarazarla con otras; aquí mieses, acullá frisoles, acullá algodón, allí pimientos, y allí raíces y acullá fructa; y desta manera en todo lo demás.

V. Que se conozcan las inclinaciones y habilidades de los mochachos, y conforme a ellas sean empleados, cuando llegasen a edad madura: si se inclinaren a la guerra y mostraren valor, se hagan soldados; si algun oficio mecánico, lo mismo; aunque lo más comun y ordinario sea que cada uno siga el ofico de su padre.

VI. Que en todas las provincias haya uno o más depósitos y alhóndigas, donde se guarde todo el bastimento necesario (habiendo tomado cada pueblo para sí todo lo que habían menester abundantísimamente) para tiempo de hambre, de esterilidad, de guerras, para dar a cojos, ciegos, tullidos, viudas y huérfanos; y que de esto no pueda aprovecharse el rey ni los señores.

VII. Que hubiese depósitos de ganados de la tierra, que sirviese, lo primero, para los sacrificios, lo segundo, para necesidades de la república, lo tercero, para socorres a los pobres, lisiados y viudas y huérfanos.

IX. Que cada uno se vista y adorne conforme a la cualidad que tiene, el plebeyo como plebeyo, y el noble como noble; y que ninguno se vista del género de ropa y traje y labor que se visten los reyes, si no fuese hijo o hija o pariente del rey, o si no hubiere particular privilegio para ello.

X. Que en el comer sean moderados y templados, y mucho más en el beber; y si alguno se embriagase de manera que pierda el juicio, que sea por la primera vez castigado conforme al juez pareciere, y por la segunda, desterrados, y por la tercera, privados de sus oficios, si son magistrados, y echados a las minas. Esta ley se guardó a los princicipios con rigor, mas despues se relajó la efecución de tal manera, que los ministros de la justicia eran los primeros que más bebían, y aunque se emborrachase, no había castigo; porque los amautas, que eran como letrados sabios dellos, interpretaban las leyes poniendo distinción entre cenca, que es encalabriarse y calentarse, y hatun machay, que es embriagarse hasta perder el juicio; y que aquello era lo ordinario que en todos acontecía, pues no hacían desatino de locos, y que aquesto pocas veces o ninguna acontecía. De manera, que por aquí vinieron a la disolución que arriba vimos.

XI. Todo género de homicidio que se hiciese fuera de guerra, sea punido y castigado con pena de muerte natural, en esta forma: quien mata a su padre o madre, que muera y sea hecho cartos; lo mismo si matare a sus abuelos o hijos; quien matare algun niño o niña, que muera despeñado o apedreado; quien matare a mano a su señor, que muera cuarteado; quien mata a otro particular del pueblo, que muera ahorcado.

XIII. Quien matare a su mujer hallándola en adulterio, que sea desterrado por un cierto tiempo. Lo mismo si matare al adúltero con quien adulteró su mujer, pero el tiempo del destierro no pase de un año.

XIV. Quien fuere causa de que alguna mujer preñada de tres meses para arriba, muera o malparada, dándole hierbas o golpes, o de cualquier manera, que muera ahorcado o apedreado.

XVI. El adúltero y la adúltera sean castigados con pena de muerte; y el marido, si hallare a su mujer en tal delito, denuncie luego, para que se le cumpla de justa venganza; y lo mismo la mujer que supiere o viera a su marido, con adúltera, denuncie dellos, para que mueran.

# GLOSARIO

**ALLAWQA:** derecha.

**ALTIPLANO:** llanura elevada en Bolivia y en el extremo noroeste argentino.

**ANANWANKA:** mitad superior de la división del grupo étnico wanka.

**ANTISUYU:** parte nororiental del Imperio inca, que se corresponde por lo general con las tierras bajas templadas.

**APU:** gran señor o juez supremo.

**AQLLA:** mujer escogida para el servicio del Estado.

**ATAHUALPA:** hijo del emperador inca Wayna Qhapaq.

**AWASQA:** tela basta.

**AYLLU:** grupo de descendientes localizado, que varía en cuanto al grado de exclusividad.

**AYMARA:** lengua andina.

**CACIQUE:** jefe, término empleado frecuentemente por los españoles para referirse a cualquier indígena que ocupaba un cargo de autoridad.

**CH'ARKI:** carne helada y secada.

**CHASKI:** mensajero de correos.

**CHICHA:** bebida fermentada, generalmente de maíz.

**CHINCHAYSUYU:** parte noroccidental del Imperio inca.

**CHULLPA:** túmulo elevado sobre el terreno.

**CHUÑO:** patatas heladas y secadas.

**Cuntisuyu:** parte sudoccidental del Imperio inca.

**Encomienda:** concesión a un receptor español de población indígena que prestaba servicios en trabajo.

**Hanan:** mitad superior de las unidades que formaban la organización sociopolítica incaica.

**Hatun:** grande.

**Hatun runa:** «hombre grande».

**Hunu:** unidad de 10.000, se solía utilizar para referirse al censo o a la unidad sociopolítica formada por diez mil familias.

**Hunu kuraka:** funcionario al frente de la unidad censal de diez mil familias.

**Hurin:** mitad inferior de las unidades que formaban la organización sociopolítica incaica.

**Ichuq:** izquierda.

**Kallanka:** sala alargada normalmente con techo construido a dos aguas.

**Kancha:** recinto de varias salas situadas rodeando un patio.

**Khipu:** cordeles con nudos utilizados como sistema de contabilidad incaico.

**Khipu kamayuq:** funcionario responsable de conservar el registro en los khipus.

**Kollasuyu:** parte suroriental del Imperio inca.

**Kuraka:** elite nativa, autoridad étnica local.

**Llaqta:** ciudad, asentamiento urbano.

**Mascaypacha:** banda de tejido que simboliza el cargo de emperador.

**Mita:** prestación al grupo étnico propio, al señor y al Estado incaico.

**Mitayuq:** servicio en trabajo de carácter rotativo e individual al Estado.

**Mitmakuna:** colono procedente de otro lugar.

**Orejón:** nobleza inca, caracterizada por llevar grandes aros en las orejas.

**Pachaka:** unidad de cien.

**Panaqa:** linaje de la dinastía real, o *ayllu*, creado por cada soberano.

**Pichkachunka:** unidad de cincuenta.

**Pichkapachaka:** unidad de quinientos.

**Pirka:** edificio rústico levantado con piedras recogidas en los campos.

**Pururaucas:** ídolos venerados por los incas con forma de piedras que asemejan guerreros. Ayudaron a la defensa de Cuzco en el ataque de los chankas.

**Qhapaq ñan:** calzada imperial inca.

**Qollqa:** almacén.

**Qompi:** tejido fino.

**Qoya:** esposa principal del soberano inca.

**Quechua:** grupo lingüístico de los Andes centrales.

**Runakhipu:** funcionarios estatales responsables de realizar el censo.

**Saya:** subdivisión sociopolítica.

**Suyu:** territorio, región.

**Suyuyoc apu:** señor de una unidad política, el que administra esa región.

**Tampu:** alojamiento estatal para el inca en la red de caminos.

**Tawantinsuyu:** el Imperio inca, dividido en cuatro partes o *suyus*.

**Tokoyrikoq:** inspectores incaicos independientes que visitaban las distintas regiones.

**Tokrikoq:** gobernador provincial inca.

**Tumi:** cuchillo ceremonial.

**Tupu:** unidad de medida.

**Usnu:** plataforma elevada dentro de un complejo ceremonial.

**Waka:** huaca, lugar-objeto sagrado.

**Waranqa:** unidad de millar.

**Yana:** sirviente (servicios recíprocos).

**Zeqe:** sendero radial.